班級經營 核心實務與議題

林政逸 

作者簡介

林政逸

現職

- 國立臺中教育大學高等教育經營管理碩士學位學程教授
- 國立臺中教育大學教務處課務組組長

學歷

- 國立臺灣師範大學教育學博士

學術專長

- 班級經營、師資培育、高等教育人力資源管理、教育評鑑、教育行政學、教育政策

經歷

- 空軍第 16 中隊補給管理預官（48 期義務役預官）
- 國小級任教師、體育科任教師
- 國立臺中教育大學師資培育暨就業輔導中心師資培育組組長
- 教育部《中華民國師資培育白皮書》撰稿委員
- 教育部教師專業發展評鑑講師（初階、進階、教學輔導教師）
- 十二年國民基本教育課程總綱種子講師、評核委員
- 美國 UCLA 訪問學者（2017.8～2018.7）
- 教育部補助直轄市、縣（市）政府精進國民中學及國民小學教師教學專業與課程品質計畫審查委員
- 教育部補助直轄市、縣（市）政府精進國民中學及國民小學教師教學專業與課程品質計畫輔導諮詢委員（彰化縣、南投縣）

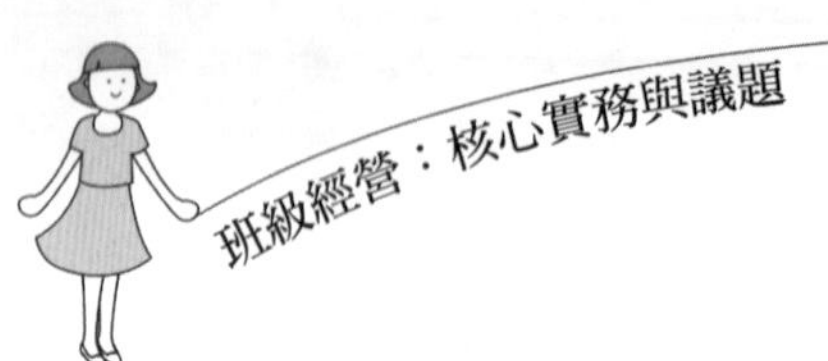

序言

「良師興國」，教師素質是奠定學生成就的最重要基礎，是教育革新成功與否的關鍵。我國向來重視教育，社會對於教師也賦予相當高的期待與標準。例如教育部教研會所擬定的中小學教師專業發展評鑑規準之四個層面，強調教師應具備「課程設計與教學」、「班級經營與輔導」、「研究發展與進修」、「敬業精神與態度」等方面的專業知能。其次，教育部2013年公布之師資培育白皮書，即強調未來我國的師資培育，以「師道、專業、優質、永續」之願景，培育出「帶著心能、位能、動能的新時代良師」是未來的師資培育目標。另外，教育部委託國立臺中教育大學研究之國民小學教師專業標準與專業表現指標，共發展十項國民小學教師專業標準，其中，第六項「發揮班級經營效能營造支持性學習環境」即是強調教師的班級經營必須發揮效能。從上述中小學教師專業發展評鑑規準、師資培育白皮書，或是國民小學教師專業標準，可以了解除了強調師資培育的重要性之外，也相當重視教師的班級經營成效。

另一方面，近十多年來因為政治、經濟與社會的快速變遷（如離婚率增加、新移民家庭增加、網路世代來臨）與家庭結構改變（如以小家庭為主、隔代教養比率增加），班級學生背景與程度更加多元化，校園生態、文化與問題也日趨複雜化，產生諸如：親師生衝突、校園霸凌、家長干預學校教育、教師不當體罰等問題；而父母過於寵愛小孩，導致小孩無法獨立自主，產生所謂「直升機父母」、「恐龍家長」、「公主病」、「慣寶寶」等現象，都是教師在經營班級時，必須特別花費精神與心力去處理的。

筆者曾任國民小學導師與科任教師，對於國民小學教學現場有相當程度的了解，對於班級經營相關理論與相關議題的發展也相當

關注。其次，筆者曾經在國立臺中教育大學擔任「班級經營」授課教師達十二個學期，也帶領大五學生、研究生教育實習，累積不少教學資料與心得。不過，在尋找班級經營教科書時，卻遭遇到不易找到合適教科書的問題。目前坊間班級經營教科書相當多，不下數十本，然而，這些書籍當中，有些已經出版多年，較為陳舊；有些內容以理論為主，對於班級經營實務活動著墨有限；有些則是翻譯版本，內容皆為國外環境脈絡，與我國國民小學環境脫節，學生閱讀起來也有隔閡之感。基於這些原因，筆者萌生了想要出版一本能具有科際整合、兼顧理論與實務，且貼近我國國民小學學校與班級現場脈絡的班級經營書籍。

筆者這幾年擔任教育部師資培育白皮書撰稿委員、國民小學師資培用聯盟計畫（含國民小學教師專業標準研究案）研究員、精緻師資培育機制實驗計畫共同主持人與執行祕書，了解現行國內外師資培育政策與教師專業標準，因此，在第壹篇「核心實務篇」第一章班級經營概說，介紹班級經營相關理念與師資培育政策，希冀擔任教師志業者，不僅是著重班級經營的技巧，對於教師的職務性質、理想教師圖像、應具備的標準與能力，也能有深刻的體會與認識。其次，第二至第七章，分別針對教師班級經營的六項核心實務：班級常規、獎懲制度、親師溝通與家長參與學校教育、學生不當行為的處理、學習環境營造與教室布置、營造良好的班級氣氛，闡述相關理論與實務問題。在這些章節中，班級常規、親師溝通、學生不當行為的處理，是初任教師最容易感到困擾與遇到的問題，教師在進行這三個活動時，必須特別加以注意。

其次，因教師最主要的工作還是在教學，現行的師資培育政策，也不斷強調要培育能進行有效教學、差異化教學、創新教學的教師，因此，本書有別於其他班級經營書籍，特別在第貳篇「教學技巧篇」，介紹三種常用的教學技巧——停頓（空檔）、多媒體運

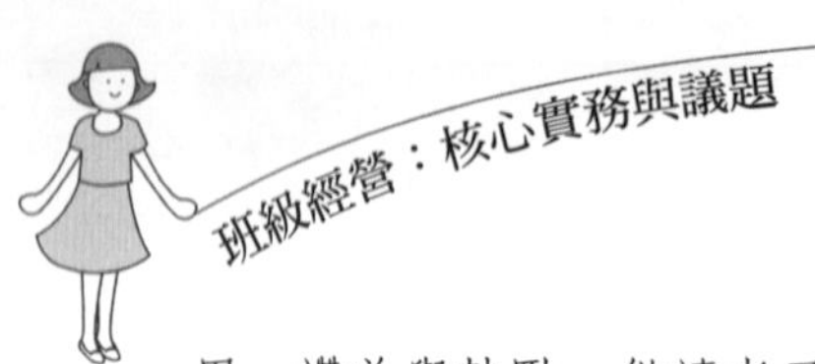

用、讚美與鼓勵，供讀者了解與運用。

最後，隨著社會的發展，產生不少重大社會新興議題，如品德教育、人權教育、環境教育、觀光休閒教育等等，教學現場的教師也必須不斷吸取新知，方能具備掌握任教學習領域相關知識與議題。基於此，本書增加第參篇「議題篇」，是本書的一大特色，針對一些重要的項目，例如目前國小班級經營常見的活動——晨光時間運用、班級讀書會與指導兒童閱讀、營養午餐教育，及科任教師的班級經營、班級經營與人權、環境教育、低碳旅遊教育等進行分析。其中，因國小各班都會有若干位科任教師，但是一般的班級經營書籍，往往未能加以介紹，因此，本書特別針對科任教師班級經營時容易遇到的問題與解決策略進行說明。而環境教育、節能減碳與低碳旅遊教育是目前全世界都在探討的熱門議題，本書也說明教師如何透過教育的過程，教導班上學生進行節能減碳與低碳旅遊，為環境保護貢獻一份心力。

本書的出版，首先要感謝在我大學時代教導我班級經營這門課的臺中教育大學呂鍾卿教授，謝謝呂老師的教導；也感謝臺中教育大學張淑芳教授，在我第一次擔任班級經營課程授課時，提供我許多寶貴資料；其次，感謝兩位國小現職教師：臺中市鄭秀姿老師、新北市康桂瑛老師，提供班級經營實務相關資料；也很感謝臺中教育大學碩士蕭增鈺、曾彥霖及謝欣晏碩士生協助蒐集與整理資料。最後，感謝心理出版社林敬堯總編輯慷慨的允諾出版本書，以及執行編輯林汝穎小姐細心協助編輯與校稿，為國民小學班級經營課程，再增添一份文獻，盼望本書的出版對修習教育學程的師資生以及國民小學教師，進行有效能的班級經營活動，及帶好每位孩子，都能有所啟發與助益。

林政逸 謹誌

2013 年　國立臺中教育大學高等教育經營管理碩士學位學程

目次 CONTENTS

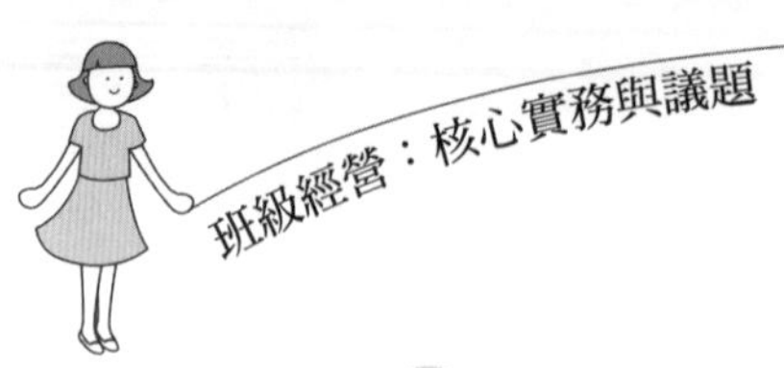

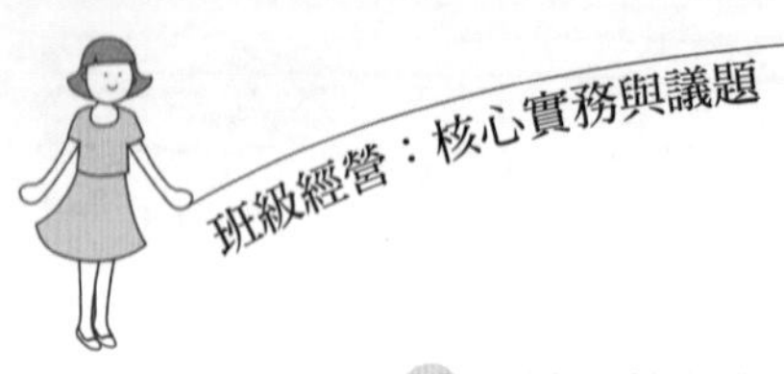

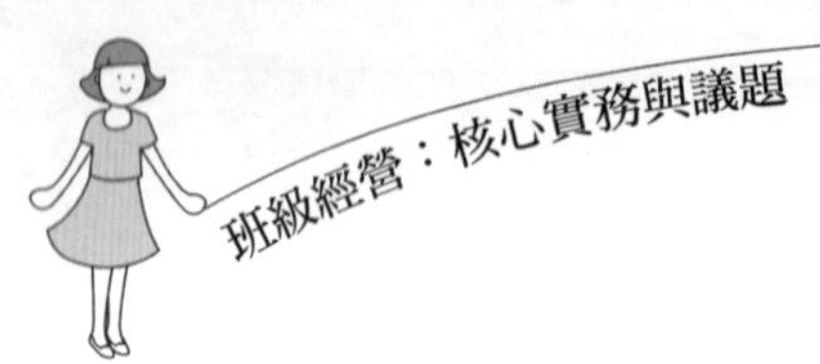

表次

圖次

第壹篇

核心實務篇

Chapter 1

班級經營概說

學習目標

一、了解班級經營的意義、目的、功能與範圍。

二、了解社會變遷對於教師進行班級經營的影響。

三、了解擔任一位良師應具備的專業標準與能力。

一、班級經營的意義

「班級經營」（class management）一詞，早期多以「班級管理」或「教室管理」稱呼。但自 1970 年代以後，由於開放教育愈來愈受到重視，學生學習的空間和環境都變大了，不再只侷限於教室，例如學校操場、生態園區、校外教學場所等學習場地，都需要教師有效的處理，俾使學生學習活動能夠順利進行。所以，「班級經營」一詞逐漸為大家所接受和通用（吳清山，1996）。

關於班級經營的意義，學者的看法不盡相同，以下列舉數位學者的看法：

吳清山（1993）認為班級經營是教師或師生遵循一定的準則，有效而適當的處理班級中的人、事、物等各項業務，以發揮教學效果，達成教育目標的過程。

朱文雄（1989）認為，班級經營是教師在施教過程中，為了達成班級的教育目標，使教育活動能夠順利的進行，運用有效的方法，處理班級中的人、事、物，以培養學生內在的自我控制、心智發展、自治自律、氣質塑造、人格發展、學生良好品行及班級秩序等。

單文經（1994）認為班級必須維持一定的秩序與常規，才能使學習活動有計畫及有效率的進行。

郭明德（1999）認為，班級經營策略是指師生在教室生活的互動歷程中，教師運用一些方法或技能，適當而有效的處理班級中的人、事、物等各業務，以發揮教學效果，達成教育目標的歷程。

張新仁（1999）認為，班級經營乃是為了使班級單位裡各種人、事、物活動得以順利推展和互動，由教師為中心，以科學化的方法和人性化的理念，配合社會的需求、學校目標、家長的期望及學生的身心，規劃、推展適當的措施，以求良好的教學效果和達成教育目標的歷程。

吳明隆（2003）指出，班級經營是教師或師生在教室社會體系中，遵循一定的準則規範，在師生互動情境下，適當而有效的處理班級中的人、事、時、地、物等各項業務，以建構良善的班級氣氛、發揮有效的教學效果，達成全人教育目標的歷程。

由學者的看法，可以歸結出班級經營的意涵如下：

1. 班級經營主要目標在於希望有效達成教學目標，此外，營造良好的班級氣氛、維持班級秩序等，也是班級經營的重要目標。

2. 班級經營的對象是班級的人（以學生為主，另外也包含親師之間的溝通互動）、事（以班級事務為主，另外也須處理學校的各項事務）、物（以教學與學習的環境配置布置為主，但也包含各項教學資源的分配）。
3. 進行班級經營時，必須依循準則規範，亦即須先建立完善的班級常規制度，組成班級自治幹部（如附錄一），且確實執行，堅持到底，不可半途而廢。透過班級常規的建立與執行，使班級事務能夠順利且有效率的進行。

二、班級經營的目的

班級經營是教師在教學過程當中，最為重要、也是每位老師應必備的核心職能，因為良好的班級經營可以幫助老師順利教學，同時也能使學生的學習狀況達到事半功倍的效果，營造良好的師生關係與學習氣氛。

教師進行班級經營，最主要目的是希望提升學生學習動機與興趣，提升學生學習成效，以有效達成教育目標以及班級目標。李園會（1993）即認為班級經營是為使兒童能在學校與班級中，愉快的學習各種課程並擁有快樂的團體生活，而將人、事、物等各項要件加以整頓，並遵循學校教育目標，藉以協助教師推展各種活動的經營方法。林進材（1998）也認為班級經營的最主要目的，是使學生能自我控制與調整自己的學習行為，亦即不論情境如何，學生都能表現適當的自我行為管理，使教學有績效，教學目標得以圓滿達成。

其次，班級經營的目的也在透過各項班級經營的策略與技巧，例如班級常規與獎懲制度的建立與執行、營造良好的班級氣氛，促使學生表現出自律的行為，並且願意與同儕合作，使其參與教室的課業活動。周新富（1993）指出，班級經營的主要目的是要使教師的教學達到最佳成效。然而，此一目標的達成，必須涵蓋以下三個次級目標：維持學生上課的注意力、提高學生的學習動機，以及使學生對自己的行為能做自我控制。此外，班級經營亦須透過教師有計畫、有組織、有創意的發展出有效的策略，方能獲致上述之目標。吳清山（1996）認為，班級經營的主要目的，除了預防學生不良行為和有效處理學生不良行為外，還可以營造一個良好的學習氣氛，以提高學習的效果。

值得注意的是，在進行班級經營時，一般常見的問題是產生所謂的目標置換（goal displacement）。教師必須注意到班級經營的最終目的是要達成教育目標、學校目標以及班級目標，建立班級常規制度或是維持良好班級秩序僅是過程與手段，然而，如果教師不具目標意識，最後會導致將過程／手段目的化，也就是僅重視班級常規是否建立？班級秩序是否良好？至於是否有效達成各種教育目標，反而忽略了！這也就是金樹人（1989）所強調的，在班級經營中，建立教室常規的主要目的是維持秩序，但維持秩序本身並非最後目標！

三、班級經營的功能

對於班級經營的功能，綜合學者的見解（朱文雄，1989；金樹人，1989；吳清山、李錫津、劉緬懷、莊貞銀、盧美貴，1990；吳明隆，2003；陳木金，1996），歸納有以下七項：

(一) 維持良好班級秩序

良好班級秩序的維持，使得教師能安心教學，學生能快樂學習。

(二) 營造優質學習環境

教師提供一個安全舒適的良好學習環境，使學生樂於學習，不僅使教學目標容易達成，更有陶冶性情和變化氣質之效果。

(三) 進行有效教學，提高學生學習的效果

教師設計各種不同教學活動，運用不同教學方法，以啟發學生的學習興趣，提高學生學習效果，促使有效教學的達成。

(四) 培養學生自治能力

班級中所訂的各種規範以及班級活動，其目的在於培養學生互助合作，以及能夠自治的精神與態度。

(五) 增進師生情感交流

教師不只是知識的傳授者，更是品德的陶冶者，因此應建立起師生間的良好關係，並使學生樂群善群，成為學生學習的原動力。

(六) 協助學生人格成長

教師在進行班級經營時，應適切運用各種指導策略，協助學生人格不斷成長，達到身心健康、自我實現的教育目標。

(七) 達成全人教育的目標

使學生在身、心、靈，德育、智育、體育、群育、美育等各方面均衡發展。

從學者的觀點可以得知，班級經營具有下列重要功能：

1. 延長學生較多的課業投入時間及較佳的學習內容。
2. 建立有助於學生學習的班級常規。
3. 營造良好互動的班級氣氛。
4. 讓學生培養自我管理的能力。
5. 營造安全且有助於學習的情境。

良好的班級經營，可以延長學生在課堂投入的時間。所謂的「投入時間」，指學生在課堂上真正投注心力於課業活動的時間，具體的「投入行為」如：對正在進行的教學活動予以注視、傾聽、提出問題、適當表達意見、做作業等。而相對於學生的「投入行為」，教師還應注意學生的「非投入行為」，這將有助於教師對時間的規劃和班級秩序的管理，而「非投入行為」包括以下五類：

1. 無事可做

如發呆、打瞌睡、玩弄東西、凝視窗外等。

2. 社交行為

如交頭接耳、傳紙條、談笑喧譁等。

3. 活動轉換

如分東西、收東西、準備展開學習活動、翻找東西等。

4. 訓誡

如教師訓誡學生、學生被處罰等。

5. 其他

如上洗手間、出公差等。

為延長學生在課堂投入的時間，教師除要求學生必須集中注意力，教師本身也應做好教學準備，使教學活動生動活潑和有趣，能吸引學生的注意力、避免分散其注意力，願意專心傾聽，這才是師生之間應共同努力的理想教學情境。

四、班級經營範圍

班級經營的功能在於實現教育目標，在進行有意識、有計畫和連續的管理的同時，也將班級塑造成一個具有學習與生活的團體。所以教師應擬定班級經營計畫表（如附錄二），班級經營的具體內容應包含：(1)學生的教學指導；(2)學生的讀書指導；(3)生活指導；(4)學生健康指導；(5)對問題學生的輔導；(6)個別諮商輔導；(7)團體輔導；(8)班級事務處理；(9)家庭的聯繫（單文經，1994）。

朱文雄（1989）指出班級經營的指標有：(1)行政管理；(2)課程與教學管理；(3)常規管理；(4)教室環境管理；(5)人際關係管理；(6)其他教育活動管理。

林進材（2000）將班級經營分成：(1)行政經營；(2)班級環境經營；(3)班級氣氛；(4)班級訊息處理；(5)學生作業批改輔導；(6)學生偏差行為輔導；(7)親師關係。

郭明德（1999）研究指出，班級經營的主要策略可以分成：(1)積極的級務處理策略；(2)優異的教學經營；(3)布置教室環境策略；(4)建立與維持教室常規策略；(5)處理不當行為的策略；(6)滿足學生的需求策略；(7)創造正向的師生關係策略等七個層面。

由上述學者的研究可以歸納出，班級經營主要範圍可分為：(1)教學經營；(2)班級常規與獎懲制度；(3)學生自治活動；(4)班級良好氣氛的營造；(5)班級環境布置；(6)學生不良行為的處理；(7)親師溝通與合作；(8)班級行政經營。

因教師的主要工作還是以教學為主，所以在上述項目中，以「教學經營」為主要內容。其次，因班級常規與獎懲制度攸關班級經營成效，因此，教師在帶領一個新的班級時，不必急著為了趕進度進行教學，反倒是必須先建立「良好的班級常規與獎懲制度」，以此為基礎，方能進行有效的教學。另外，因家長參與校務的世界趨勢，以及少子女化的社會發展現象，家長更加關心子女的教育，因此，「親師溝通與合作」是相當重要的課題，而這點也是實習教師或初任教師最感到困擾的。除此之外，因為社會變遷（如離婚率增加、新移民家庭增加、網路世代來臨）與家庭結構改變（如以小家庭為主、隔代教養比率增加），班級學生背景與程度，以及學生的不良行為問題更加多元化與複雜化，例如校園霸凌、學生無法獨立自主，或產生所謂「公主病」等現象，都是教師需要花費諸多精神與心力去處理的，因此，「有效處理學生的不良行為」是教師必須不斷鑽研的課題。

五、社會變遷趨勢對教師班級經營的影響

隨著政治、經濟與社會的變遷，家庭結構、婚姻關係與親子關係產生相當大的改變，例如，產生所謂的「假日夫妻」、「兩岸夫妻」、「婚姻關係的穩定性減少」、「不婚、不生、不養、不

教」，這些家庭與婚姻關係的改變除了對家庭產生影響之外，也對於學校教育與教師的班級經營產生很大的影響。以下先說明近年的社會變遷趨勢，再分析這些社會變遷對教師進行班級經營產生的影響。

(一) 高齡化社會

我國自 1993 年起 65 歲以上老年人口達到 148 萬人，約占總人口的 7.1%，已正式進入高齡化社會；而截至 2010 年 6 月份，65 歲以上老年人口占總人口則高達 10.7%，人口高齡化趨勢已無可避免。而教育政策應隨人口結構改變進行調整，如師資培育之大學如何符應社會需求，拓展師資培育面向，開設成人及高齡者教育等課程，並善用優質退休教師人力資源，持續投入教育實務現場，亦是未來重要的課題之一。在班級經營方面，高齡化社會所造成的影響在於，由於雙薪家庭所占比例相當高，家長忙於工作，由祖父母或是外祖父母帶小孩的比例漸增，所造成的影響主要有二：一是家長與（外）祖父母教養小孩的觀念與方式不同造成的衝突；另一個影響是教師在親師溝通時，所面對的對象很可能以（外）祖父母為主，教師的溝通方式必須加以調整。

(二) 少子女化與家庭生態改變

除了高齡化之外，另一方面，我國也面臨少子女化的現況。以 2010 年為例，該年的出生人口僅剩 16 萬 6 千餘人，不僅創下歷史新低，總生育率也從 2009 年的 1.03 人，下降至 0.91 人。因每對夫妻生育的子女數少，家長對於子女的教育更加重視與強調精緻化，對於孩子教育的需求與關注日益增強。少子女化對於學校教育，會使學校面臨減班，產生超額教師問題，以及因教師缺額減少，造成學校缺乏新進教師，產生教師人力斷層問題。另外，對於班級經營，因為父母所生養的子女數少，有時可能會產生較為溺愛或是過度關心、保護的現象，產生所謂的「直升機父母」、「啃老族」、「尼特族」[1]。

因社會變遷快速，國內家庭結構的變化與功能式微，國人離婚率逐漸升高，單親家庭及隔代教養家庭的學生日漸增多；新移民學生占全部學生的比例也逐年攀升，導致班級學生歧異度增加。其次，社會朝向 M 型化發展，更加凸顯「貧者愈貧，富者愈富」的現象，教師在進行班級經營時，必須具備多元文化理念、特殊教育知能、多元評量知能、教育機會均等及弱勢關懷涵養，以及具備正向管教、適性輔導、霸凌防制等專業知能，方能勝任。

(三) 學校教育生態改變

隨著政治、經濟與社會大環境的轉變，以及近二十年來相關法令規章的施行，不僅造成中央、地方與學校權力結構關係的改變，也因政治民主與社會多元發展的改變，從以往較為保守，重視倫理、權威、秩序的校園生態，轉變為重視民主法治、師生權益及需求的環境。特別是近年來，政治朝民主方向發展、經濟更加繁榮，以及社會日益開放與多元，校園民主意識提高，使行政人員與教師

---

1 尼特族（NEET, Not in Employment, Education or Training）是指一些不升學、不就業、不進修或參加就業輔導，終日無所事事的青年族群，中文也稱作啃老族、雙失青年或歸巢族。最早使用於英國，之後漸漸的使用在其他國家；在英國，尼特族指的是 16～18 歲年輕族群；在日本，則指的是 15～34 歲年輕族群。

之間，以及教師與家長、學生之間關係有了重大轉變，校園生態迥異於往常。例如家長會的成立，以及「國民教育階段家長參與學校教育事務辦法」的發布實行，賦予家長參與學校教育事務之權利，家長參與學校教育機會增加，又例如校園零體罰政策的實施，教師在管教學生時，必須用更正向的方式來因應。

(四) 網路資訊科技的影響

資訊科技的影響，再加上網際網路興起，以及流行文化的推波助瀾，產生新世代的年輕族群，例如「吞世代」[2]。這些年輕世代，生活模式與網路資訊都脫離不了關係，也因為網路科技的影響，成長過程與思考模式皆迥異於往常，像是年輕世代喜歡從 Google 搜尋知識、在 Facebook 群聚、在 Line 交談、在 Amazon 買書。

在面對成長於網路世代的學生，教師在班級經營時，也必須加以調整因應。首先，在進行教學時，適時運用資訊科技，進行資訊融入教學；其次，運用資訊科技，發行電子班刊，或製作班級網頁。另外，因為學生習慣運用網路，也必須了解學生平日上網的內容有哪些，避免學生瀏覽不該觀看的網頁，同時，也要避免學生過度使用網路，造成「網路成癮」的現象。

(五) 全球化時代的來臨

全球化的趨勢，縮短世界的時空距離，各國的關係與互動不僅更加緊密，但也面臨更為激烈的競爭關係。

---

2 吞世代（Tweens），此名稱是由 teens（teenagers）和 weens（weeny-bopper）組成而來。teenagers 意指青少年，weenybopper 意指穿著時髦、迷戀流行音樂的小孩。年齡層約為 8 到 14 歲的年輕族群。

面對全球化的發展，教師班級經營的對象、目標與歷程必須改變：未來教育的對象可能是來自世界各國，不再受地理疆域限制；教育的目標，必須幫助學生理解身處全球社會中的意義，並做好成為世界公民的準備；教師教學時善用網路通訊系統，做好知識管理與數位管理，加強英語教學與鄉土教材，使課程與教學數位化、國際化、本土化；學校應辦理國際性活動，以及多元文化活動，使學習活動跨文化、多元化；培養學生自主探索、學習如何學習，並成為自主的學習者成為教育歷程的核心。

(六) 永續化時代的來臨

二十一世紀的另一個趨勢是追求「永續化」發展，強調資源的公平分配、自然環境永續發展，以及人類與自然和諧相處。基於永續化的發展趨勢，未來教師在進行班級經營時應以「永續發展」為基本原則，培養具備「人文關懷」與「健康活力」的社會公民，善盡地球村成員之責。透過「生命教育」、「環境教育」、「生態保育教育」等，引導學生探討生物、農業、能源、氣候變遷、低碳旅遊、資源節約與利用、健康與環境等議題，以創造環境保護、經濟發展及社會公平正義三贏局面，落實「永續校園」的目標。

六、新世紀教師理想圖像、專業標準與能力

「國家的未來，關鍵在教育；教育的品質，奠基於良師」，根據學校教育改革經驗，教師素質是奠定學生成就的最重要基礎，是教育革新成功與否的關鍵。

雖然時代變遷快速，影響教師在社會上之地位與形象，但是傳統文化中對教師的尊榮地位、教師之教育責任，以及教師之角色功能，並不會因時代變遷而有大幅的改變。傳統上，對於教師的角色主要有三種看法：認為教師具有神聖地位、肩負作育英才重責的「聖職者」；強調教師是具有專業知能人才的「專業者」；認為教師是以勞心與勞力換取工作待遇與酬勞的「勞動者」。隨著時代的變遷，今日社會大眾對教師的期待雖然不是「聖職者」，但仍給予高道德水準之期待。雖然 2010 年《工會法》已經立法推動，教師可以籌組工會，但社會大眾仍期望教師是專業職能工作者，而不是「勞動者」；依據國際趨勢及國內社會價值觀念，教師應被定位為「專業者」形象，將以教育專業者之角色，推動重要之培育人才工作。

(一) 教師理想圖像——具備教育愛、專業力、執行力的新時代良師

面對新時代的教育環境，社會對於教師的關注，仍主要圍繞於教師敬業心、教師專業知能與實際教育成效等三項，所以培育富教育愛的人師、具專業力的經師、有執行力的良師，乃是教師圖像所在（如圖 1）。

我國向來重視教育，社會對於教師也賦予相當高的期待與標準。教育部 2013 年公布之師資培育白皮書，即強調未來我國的師資培育，以「師道、責任、精緻、永續」之願景，培育出「帶著心能、位能、動能的新時代良師」是未來的師資培育目標。師資培育的目標，即導引每位教師心中都有教育志業與教育愛，以熱愛這份使命，這是教育家的「心能」；其次是強化教職工作的專業地位，

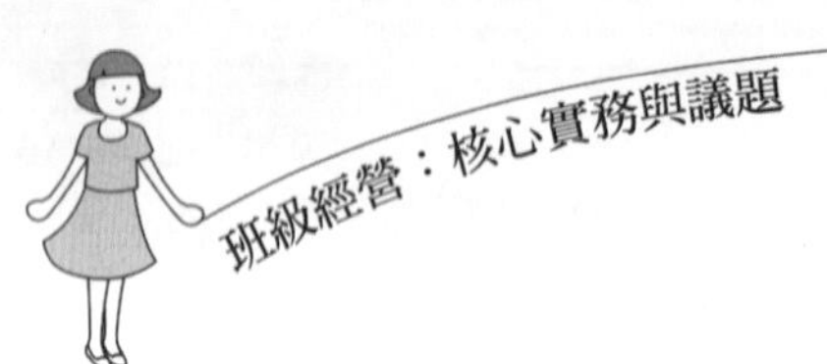

圖 1 新時代良師圖像

讓專業引領教育革新，這是教育者的「位能」；再者營造教育人的執行力，推展優質教育作為，這是教育者的「動能」。

(二) 國小教師專業標準

在先進國家，制定教師專業標準已行之有年。以美國為例，美國的教師專業標準行之多年，且具有相當成效，其中以美國「全國教學專業標準委員會」（National Board for Professional Teaching Standards, NBPTS）研擬之標準，是其他國家在制定教師專業標準時重要的參照架構。NBPTS 訂定之教師專業標準主要有：(1)教師致力於學生及其學習活動；(2)教師了解所教授之學科，並且將學科知識傳給學生；(3)教師對管理和督導學生的學習負有責任；(4)教師有系統的思考教學實務，並且從經驗中學習；(5)教師是學習社群的一員。

在英國，英格蘭於 2007 年訂定一套教師不同職業生涯階段的專業表現標準，以作為師資培育、在職教師評鑑與教師專業發展之運用，內容分為專業特質（professional attributes）、專業知識與理解（professional knowledge and understanding）、專業技能（professional skills）三大層面，底下有十六個向度，包括：師生關係、架構、溝通與合作、個人專業成長、教學與學習、評量與監控、學科與課程、讀寫算術與資訊溝通科技、成就與差異、健康與福利、計畫、教學、評量監控與回饋、反省教學與學習、學習環境、團隊合作。

在澳洲，澳洲國家層級教師專業共通標準分為：專業知識、專業實踐與專業協助等三個層面，下設有七個標準：(1)了解學生及其學習方法；(2)了解內容及教學方法；(3)規劃和執行有效教學及學習；(4)創造和維持支持性和安全的學習環境；(5)評量及提供回饋和報告學生學習；(6)參加專業學習；(7)專業地協助同儕、家長／照顧者和社區。

在我國，對於現代的國小教師，應該具備哪些標準，也有相當多的研究。例如教育部教研會所擬定的中小學教師專業發展評鑑規準之四個層面，強調教師應具備：(1)課程設計與教學；(2)班級經營與輔導；(3)研究發展與進修；(4)敬業精神與態度等方面的專業知能。

而教育部委託國立臺中教育大學研究之國民小學教師專業標準與專業表現指標，共發展十項國民小學教師專業標準、三十則專業表現指標，以及各表現指標的不同表現水準。十項國民小學教師專業標準如下：

1. 具備教育專業知識並掌握重要新興議題。
2. 具備學科／領域知識及相關教學知能。
3. 具備課程與教學設計及教材調整能力。
4. 善用教學策略進行有效教學。
5. 運用適切方法進行評量與診斷。

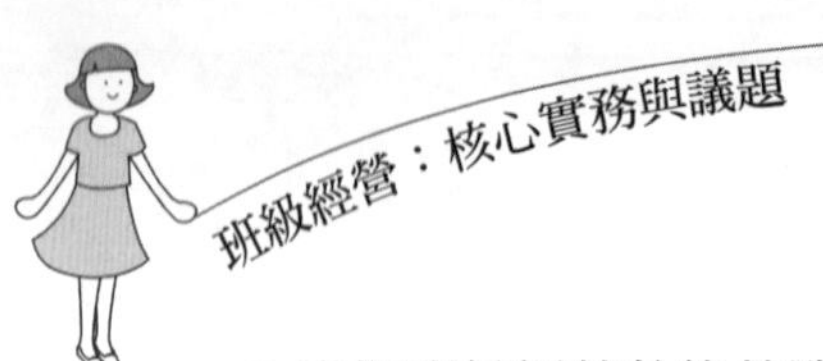

6. 發揮班級經營效能營造支持性學習環境。
7. 掌握學生差異進行相關輔導。
8. 善盡教育專業責任。
9. 致力於教師專業成長。
10. 展現協作與影響力。

從上述不論是師資培育白皮書、中小學教師專業發展評鑑規準，或是國民小學教師專業標準，都可以看出相當重視教師的班級經營。而在前述國民小學教師的十項專業標準中，與班級經營最有關的是「發揮班級經營效能營造支持性學習環境」，這項標準包含三項專業表現指標：「建立有助於學習的班級常規，營造正向的班級氣氛」、「安排有助於師生互動的學習情境，提高學生學習成效」、「掌握課堂學習狀況，適當處理班級事件」，這三項是教師在進行班級經營時，必須展現出的專業表現。

(三) 國民小學教師應具備的能力

從前述所談的社會環境的變遷，以及社會對於教師的要求與標準，教師在進行班級經營時，必須具備相對應的能力以為因應。以下即針對國小教師在進行班級經營時，必須具備的能力加以說明。

1. 終身學習的能力

國小採包班制，教師需具備十八般武藝。特別是面對二十一世紀知識爆炸的學習社會，學習已變得和呼吸一樣重要，教師更應像海綿一樣，努力學習新知。聯合國教科文組織（UNESCO）於 1996 年及 2003 年指出：「終身教育是人類進入二十一世紀的一把鑰匙」，未來人類為能適應社會變遷的需要，必須具備五種基本的學習，這些是教育的五大支柱：學會認知（learning to know）、學會做事（learning to do）、學會共同生活（learning to live together）、學會發展（learning to be）、學會改變（learning to change）。

在終身學習的社會中，五種學習支柱都應同等重視。為因應變遷社會所帶來的種種挑戰，學習是教師應付挑戰的不二法門。

2. 具備英語能力

英語的重要性不必贅述，九年一貫課程的特色之一即是從小學開始進行英語教育。另外，面對全球化的時代，教師不論是否擔任英語教學，都必須具備基本的英語能力，才能及時吸取國際教育新知，充實自身教育內涵。

3. 運用科技與資訊的能力

數位化時代，每位教師都應具備資訊素養、電腦輔助教學及網路應用能力，上課時能應用電腦、教學軟體及網路資源來輔助教學並指導學生學習。此外，九年一貫課程強調資訊融入各科教學，應用多媒體電腦輔助教學及網路教學資源，並融入各科以多媒體教學提供啟發式、互動式、雙向交流之學習環境，以提升學生創造力與學習效果。

4. 溝通協調的能力

九年一貫課程強調發展學校本位課程、協同教學，每位教師都應多和同事溝通、合作，多做專業式的對話，分享自己的教學經驗。另外，家長參與校務已是趨勢，教師也應多主動和家長溝通，讓家長了解自己的教育願景、班級經營理念、孩子在校學習的情形，使家長認同老師的教育理念，成為教師的教育夥伴。

5. 課程規劃設計的能力

九年一貫課程強調發展學校本位課程，讓老師可以設計研發課程，因此教師應和行政人員、家長、社區人士一同參與課程發展，共同為學生學習設計發展出多元、適性、有創意的課程。除了提升自己的專業能力外，也可建立學校和自己班級的特色。

6. 具備活化教學、適性輔導、多元評量的能力

因 103 學年度起全面實施十二年國民基本教育，為因應此項教育政策的實施，學校與教師必須有所準備，因此，十二年國民基本教育所強調之核心主軸：活化教學、適性輔導、多元評量等重要概念，也是教師在進行班級經營時，必須強化的內容。

7. 具備特殊教育知能

融合教育（inclusive education）為特殊教育發展趨勢之一，且目前高中以下階段有超過 85%的身心障礙學生安置於普通班或普通學校特殊班。國小以包班制度為主，教師在學校的時間與班上學生接觸甚多，因此國小教師的教學及輔導對學生的影響極大。

為使一般學生與安置在普通學校的特殊學生都能接受適性教育，所以普通教育老師也必須具備相關基礎特教知能，方能在第一時間處理學生相關問題。在實務方面則須對特殊需要學生之鑑定流程有初步的認識，且能適時給予特殊需求學生的家長其子女接受初步評量的建議；若特殊學生需要接受特教巡迴輔導或到資源班上課，普通班教師須知道如何和特教教師合作，運用有利於特殊學生之教學策略，幫助特殊學生學習；為防止標籤作用對特殊需求學生產生負面作用，普通班教師也須知道如何輔導一般生以正向態度對待特殊需要學生。

8. 團隊合作的能力

面對九年一貫課程，必須強調團結合作，教師唯有和他人（行政人員、家長、社區人士、學生）合作才能做一個有效能的教師。特別是九年一貫課程，強調親師合作，教師如能組織班級班親會，

善用家長的資源和力量，不僅可減輕自己的負擔，更重要的是善用家長的人力資源，可以提供孩子更多元的學習內容。

9. 進行多元智慧教學的能力

外國學者 Gardner 提出多元智力理論，強調以多面向的角度來看待學生的智力，教師在教學時運用多元的教學方法、內容與評量方式讓每位學生都能獲致成功的經驗，發展自己的強勢智慧。

10. 具備特殊專長的能力

面對國小學生，教師具備多項特殊專長，才能進行多元化的教學。除了英語、電腦必備的技能之外，音樂、體育、美勞、說故事、團康、舞蹈等專長，對於豐富自己的教學也很有幫助。

11. 行動研究的能力

透過行動研究可進行學校層面的整體課程設計、各學習領域的課程設計、教室層次的課程設計外，也可用來解決自己教學上所遇到的難題，創新自己的教學內容與方法。

12. 教學省思的能力

教師除了教學，也應對自己的教學做省思的工作。可以透過「教學日記」、「教師教學檔案」，反思自己的教學，提供自己教學回饋，期許自己能更上一層樓。除此之外，教師也要發揮知識份子的角色，負起應盡的社會責任，走出教室，針對不合理的社會制度或是教育現象，提出批判與建言。

問題思考

一、面對新世代的學生，教師在進行班級經營時，在心態上，應該有哪些調整？

二、教師在進行班級經營時，應該具備哪些專業知能？

參考文獻

朱文雄（1989）。**班級經營**。高雄：復文。

李園會（1993）。**班級經營**。臺北：師大書苑。

吳明隆（2003）。**班級經營與教學新趨勢**（第二版）。臺北：五南。

吳清山（1993）。**學校行政**。臺北：心理。

吳清山（1996）。提升班級經營效能的有效途徑。**班級經營，1**（1），11-17。

吳清山、李錫津、劉緬懷、莊貞銀、盧美貴（1990）。**班級經營**。臺北：心理。

林進材（1998）。**班級經營——理論與策略**。高雄：復文。

林進材（2000）。**有效教學理論與策略**。臺北：五南。

周新富（1993）。行動研究法在班級經營的應用。**國民教育研究學報，10**，315-339。

金樹人（編譯）（1989）。C. M. Charles 著。**教室裡的春天——談教室管理的科學與藝術**（Building classroom discipline）。臺北：張老師文化。

陳木金（1996）。**國民小學教師領導技巧、班級經營策略與教學效能關係之研究**。國立政治大學教育研究所碩士論文，未出版，臺北。

郭明德（1999）。**國小教師自我效能、班級經營策略與班級經營成效關係之研究**。國立高雄師範大學教育學系博士論文，未出版，高雄。

張新仁（主編）（1999）。**班級經營——教室百寶箱**。臺北：五南。

單文經（1994）。**班級經營策略研究**。臺北：師大書苑。

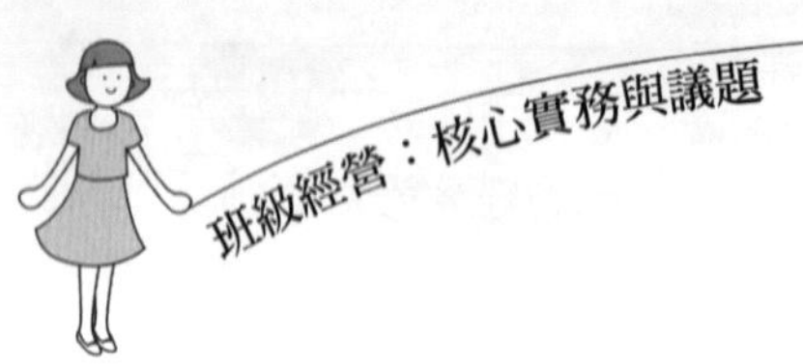

Chapter 2

班級常規

學習目標

一、了解班級常規的意涵。

二、了解班級常規訂定的原則

三、能訂定符合教育理念與規準的班級常規，並有效執行。

一個經營良好的班級，提供了師生豐富的教學與環境。良好的班級經營並不會憑空出現，需要教師花費很多心力去營造，而班級常規是班級經營的基礎，班級常規策略運用得宜，會影響到班級經營的效果。

一、班級常規的意涵、目的與重要性

班級常規（classroom discipline）是指學生學習過程中，應該知道且必須確實遵守的日常規範與程序，包括規範（norm）、秩序或命令（order）及程序（procedure）三個層面（郭明德，2001）。班級常規是一套讓教師能安心教學、學生能快樂學習的班級規範，能使學生知道自己該如何作為，也知道別人對自己的期望（林進材，1998；盧富美，2002）。

由上述學者的定義可以得知，班級常規是學生在教室內日常生活的一種規律，是學生應該知道且確實遵守的，也是教師或教師和學生共同合適地處理教室中人、事、物等因素，使教室成為最適合學習的環境，以易於達成教學目的的一套規則。這一套規則由教師所訂定或由師生共同約定，用以配合教師教學或指導班級活動的進行，使學生建立一套穩定的生活模式，使知道自己究竟應該如何作為，也知道別人對自己行為的期望。

其次，在班級常規的目的方面，班級常規經營的成效深深影響學生學習與人格的發展，班級常規經營的目的除了有維持學習環境的秩序，使教學活動能順利進行的消極目的外，更有促進學習、增進社會化，培養學生自治能力、民主精神、良好習慣、高尚理想之積極目的（朱文雄，1989）。班級常規經營的目的在於師生透過合理的程序，制定符合學生需求的班級常規，藉以維持班級正常運作，進行有效的學習活動。教師在班級經營的過程中，可適度運用行為心理學的正增強（positive reinforcement）、負增強（negative reinforcement）、懲罰（punishment）、消弱（extinction）等原理，減少學生不當行為，並激發學生表現適當合宜的行為舉止（高博銓，2007；陳木金，2006）。班規建立之目的在於維持班級學習活動的正常，使班級活動可以進入正軌，班規的建立最終在於引導學生養成良好習慣。

班級常規的制定與執行，另外也有以下目的：

(一) 提高學習成效

教師若能訂定合宜的班規，並能貫徹執行，且能不斷修訂調整，學生在課堂上能專心聽講；相反的，若沒有好的班級常規，老師在臺上授課時，學生課堂投入時間降低，影響到教學品質，也會導致學生學習成效低落。

(二) 增進班級社會體系互動

班級就有如一個小型的社會體系，而班級常規如同法律一樣，讓學生了解並體會遵守法令與守秩序的重要性，並藉著在學校班級的生活中，提早體驗社會上人際間的互動。

(三) 展現民主精神

制定班規是透過民主社會的發言和討論機制，制定好之後，班上的同學必須重視班級常規，並表現出遵守班規的民主精神。

在班級常規的重要性部分，班級常規在班級經營上具有相當的重要性，因為常規管理是班級經營的最基本工作，沒有良好的常規，班級活動就無法有效進行。國內外學者的研究皆顯示，班級常規的良窳與學生學習效果有密切關係，一個班級常規優良的班級，學生學業成績相對而言比較高。因此，教師欲提高班級教學成效，必須在班級常規經營下一番努力。金樹人（1989）即認為，在班級經營中，教室常規的主要目的是維持秩序，但維持秩序本身並非最後目標。

具有豐富教學經驗的教師，在開學之初，並不會急著趕進度上課，而是會先根據班級特質與家長期望，建立班級的常規，並加以講解與示範，使學生人人都能確實遵守；學生對於班級、教室內一切例行事項，就有一定的規則可循，成為一種習慣與態度，既能維持班級的良好秩序，也可以培養一種優良的班風。

二、制定班級常規的步驟與原則

(一) 制定班級常規的步驟

班級常規管理並非指學生對教師威嚴的恐懼，而應以師生雙方互相尊重、互相體貼、互相協助為基礎，透過清楚的溝通、確立行為模範及正增強的步驟，建立良好的班級常規。步驟如下（Johnson, Marilyn, & Edgington, 2005）：

1. 清楚的溝通（clearly communicate）

教師清楚傳達對學生良好行為表現的期待，鼓勵學生發問，使學生更清楚了解教師所期望的良好表現。

2. 示範行為（model the behavior）

教師必須透過示範、解說等方式，使學生真正了解各項常規的意涵，以及達到常規的做法。

3. 正增強（positive reinforcement）

當學生達到目標時，教師應引導同儕給予鼓勵，使表現優異學生得到正增強。

(二) 制定班級常規的原則

教師教導班級常規應遵循以下七項原則（單文經，1994）：

1. 及早實施

剛開學時，學生對於新教師及新教材易產生不確定感，教師可及早指導學生相關的措施，增加班級穩定性。

2. 系統實施

教師有系統的將班級常規仔細說明，告訴學生執行班規的目的、方式、場所等。

3. 把握時機

重要的規定在開學第一天就要把握時機教導給學生了解，其他非必要的規定可以於日後找時機慢慢指導。

4. 先簡後繁

學期剛開始，班級尚未進入軌道，先從較簡單的制度指導，之後再慢慢進入較為困難的常規。

5. 全班參與

教師所安排的教學活動和程序，要盡量以全班都能參與為主，如有任何一位學生當時不在場，事後也要單獨指導。

6. 融入教學

教師可將班級常規融入教學活動，使學生能習慣此規定。

7. 持續不斷

教師應不厭其煩的以問答、複誦、角色扮演、遊戲等方式，來加強學生對班規的了解。

班級常規的經營策略，是指教師能夠以建立教室常規，導正學生目標，進行良好的班級經營活動。其內容包括：(1)訂定明確的教室規則或公約要求學生遵守；(2)運用小老師協助指導學生維持班級秩序；(3)進行各分組的秩序比賽以引導學生重視紀律；(4)訂定明確的教室活動方式（如：點名、舉手……），指導學生共同遵守；(5)利用各種教學機會教導學生尊重別人的權益；(6)在班級活動之中，都能導正每位學生的學習目標；(7)在班級裡會鼓勵學生勇於發言、認真作業、樂於助人；(8)當要導正學生的錯誤目標時，會先弄清楚問題的關鍵；(9)當學生舉手發言時，會適時滿足學生表現的機會；(10)當學生發生爭鬥時，會採取個別諮商及面質糾正處理（陳木金，1999）。

教師在制定班級常規時，應把握以下原則：

1. 班規的制定人員

學校的校規原則上應該開放讓師生一起參與制定，因為校規必須是全校師生認同並且願意執行與遵守的。但考量到不同年段的學生差異相當大，則必須依照不同年段有不同的彈性做法。如果是低年級的學生，因為學生年紀尚小，可由老師自訂；中年級部分，可由老師制定之後，再交由學生討論；至於高年級學生，因為學生年齡較大，且心智較為成熟，可由師生共同討論與訂定。

2. 班規制定的時機

教師在開學前，即應依據班級學生的特性，有班級常規的腹案，在開學的二到三天內完成並公布。每一位教師都應發展出一套屬於自己的班級常規，在開學之前做好相關準備，在開學兩週內達成兩項功能：溝通教師對教室行為的期望，建立清楚的行為規範。

3. 班規的內容

(1)必須切合老師教學或學生學習的需要。

(2)班規必須是明確、合理、可行的：為方便學生記憶，教師可透過行為、語言、圖片的形式來示範。採用簡明的生活化短句，避免教條式的口號標語，讓班規執行更具親切感。

(3)班規必須要簡單明瞭，且每項條文只表明一項具體行為：「和同學要相親相愛、互相幫助，不吵架，不打架。」此例為不良的班規，其問題在於一項班規之中，包含多項行為。

(4)使用正面語氣：學校教育的目的，在培養學生正面的行為，因此，班級常規原則上都以正面、肯定的語氣呈現。換言之，班規應具有引導學生行為的作用，因此要以「應該做什麼」作為前提，而以「不該做什麼」作為提醒。「不在教室或走廊奔跑、追逐」、「上下樓梯不推擠」此兩項皆為不良例子，因其皆使用負面的語氣。

然而對於緊急或危險的事件、物品，教師也不能排除用負面措詞，強烈提醒學生（張民杰，2007）。

(5)班規必須書面明示。

(6)班規必須保持彈性。

合宜的班級常規如表 1 所示。

表 1 合宜的班級常規範例

在班級常規的數量方面，約 6～10 條為宜，數量太多，教師與學生都不容易記住；反之，若數量太少，則無法涵蓋重要的班級事務。

合宜的班規範例： 一、尊師重道，有禮貌 二、服儀整齊，展精神 三、考試誠實，重榮譽 四、重視合作，齊團結 合宜的生活公約範例： 一、愛護公物 二、養成守時的好習慣 三、上課專心聽講 四、節省能源

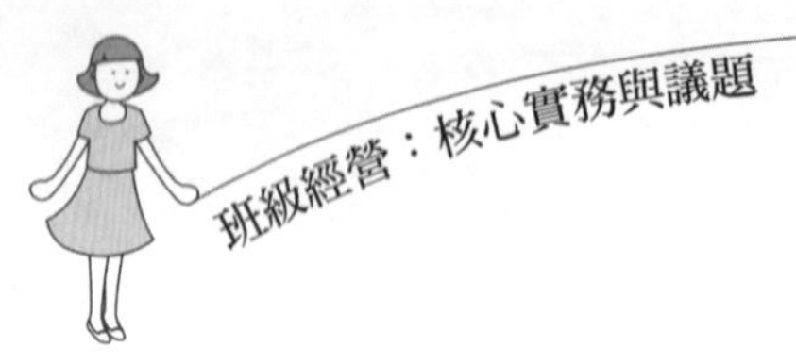

三、建立班級常規時應注意事項

教師在建立班級常規時，應注意以下事項：

(一) 應與學校校規配合

班規應以校規作為前提，學校經營有整體的策略和模式，班級的經營策略若和學校一致，而學校從校長、行政人員、教師，對學生都能夠有一致的要求，那麼必定可以對學生的學習和行為形成強而有力的影響（林進材，2005；張民杰，2007，2008）。

(二) 將學生的身心發展狀況與師生熟悉度納入考量

制定班規時應配合學生的身心成熟度。了解學生、認識學生，也是非常重要的，唯有了解學生，才能知道學生需要什麼，在哪一方面需要加強，如此才能制定合適的班規。教師在接手一個新的班級時，必須先詳細了解每位學生的身心特質與家庭背景資料，可以參看學校的學籍資料表（如表 2、表 3 所示）。

(三) 參考歷任教師的班級常規

教師可以參考前任導師的班級常規，因為前任導師對於該班有一定的認識，所以可以參考其訂定的常規，或是可以找歷任導師，談談關於該班有沒有什麼應注意的事項，教師對於學生特質、背景和班級組成，及學生過去的學習經驗與學習成就要有充分的了解。

表2 學生資料表

<table>
<tr><td>姓名</td><td></td><td>性別</td><td></td><td>出生日期</td><td>年　月　日</td><td rowspan="4">相片</td></tr>
<tr><td>電話</td><td></td><td>住址</td><td colspan="3"></td></tr>
<tr><td>父親</td><td colspan="2"></td><td>母親</td><td colspan="2"></td></tr>
<tr><td>父親聯絡電話</td><td colspan="2"></td><td>母親聯絡電話</td><td colspan="2"></td></tr>
<tr><td rowspan="4">家裡其他成員</td><td colspan="2">稱謂</td><td colspan="4">姓名</td></tr>
<tr><td colspan="2"></td><td colspan="4"></td></tr>
<tr><td colspan="2"></td><td colspan="4"></td></tr>
<tr><td colspan="2"></td><td colspan="4"></td></tr>
<tr><td>重大疾病</td><td colspan="2"></td><td colspan="2">喜歡的休閒活動</td><td colspan="2"></td></tr>
<tr><td>最拿手的科目</td><td colspan="2"></td><td colspan="2">最不拿手的科目</td><td colspan="2"></td></tr>
<tr><td>興趣及嗜好</td><td colspan="2"></td><td colspan="2">專　長</td><td colspan="2"></td></tr>
<tr><td>夢　想</td><td colspan="2"></td><td colspan="2">目　標</td><td colspan="2"></td></tr>
<tr><td>用一句話形容自己</td><td colspan="6"></td></tr>
</table>

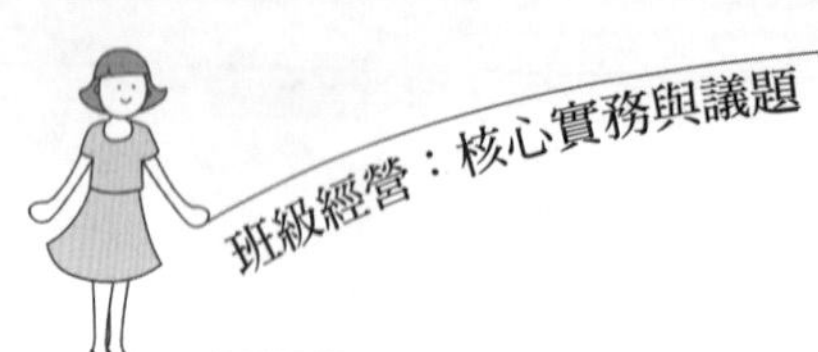

表 3 學生家庭狀況分析

雙親資料			
父親			
姓　名		聯絡電話	
籍　貫		學　歷	
職　業		職　稱	
母親			
姓　名		聯絡電話	
籍　貫		學　歷	
職　業		職　稱	

家庭資料					
家庭成員	稱謂	姓名	出生日期	職業	就職單位
			年　月　日		
家庭氣氛	□很和諧 □和諧 □普通 □不和諧 □很不和諧				
父母的管教態度	□權威式 □民主式 □放任式				
家庭狀況	□富裕 □小康 □普通 □貧窮				
父母關係	□同居 □分居 □離婚				
父母期望教師的管教方式					
父母給老師的話					

(四) 先訂出大原則，大原則必須簡單易執行

建立班級規則切勿將規則訂得過於繁複，以能夠簡單執行的大原則為主，大原則容易使學生理解班規的用意，並且願意遵守（張民杰，2007，2008）。

(五) 應適度尋求家長了解和支持

班規的訂定，常常是教師與學生共同制定的，甚至會加入新奇創意的想法，如訂定較特別的班規時，應和家長溝通與說明。其次，班規的建立不單單是老師或者班級幹部的事情，而是班上每一位學生都應該共同參與的事。由師生共同擬定班上同學願意配合、執行的班級常規，並由老師引導學生遵守，培養良好的生活習慣、尊重他人及自主自律的生活態度。

(六) 張貼在醒目之處，發揮提醒作用

將制定好的班規，配合教室環境布置張貼在醒目的地方，這樣可以隨時提醒學生遵守，學生也比較容易記憶。

(七) 與獎懲制度靈活運用

常規的養成，需要獎、懲交相運用，在鼓勵多、懲罰少之原則下因勢利導，以建立學生優良的行為。

問題思考

教師帶領高、中、低不同年段的班級，在班規的制定與執行上，可能會有哪些差異？

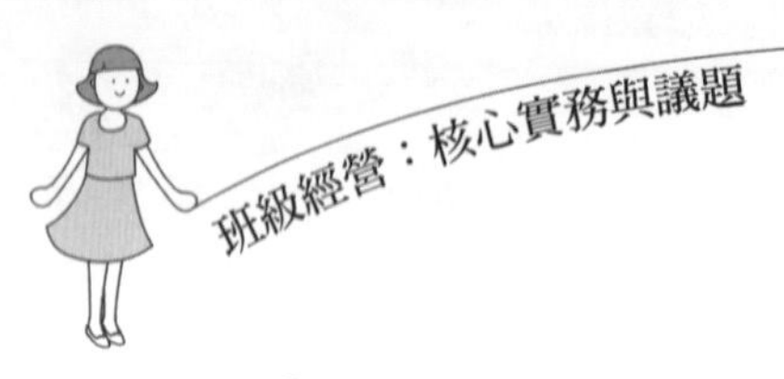

參考文獻

朱文雄（1989）。**班級經營**。高雄：復文。

金樹人（編譯）（1989）。C. M. Charles 著。**教室裡的春天——談教室管理的科學與藝術**（Building classroom discipline）。臺北：張老師文化。

林進材（1998）。**班級經營——理論與策略**。高雄：復文。

林進材（2005）。**班級經營**。臺北：五南。

高博銓（2007）。班級經營的社會學基礎。**中等教育，58**（3），56-71。

陳木金（1999）。國民小學教師班級經營策略指標建構之研究。**藝術學報，64**，210-248。

陳木金（2006）。從班級經營策略對教學效能影響看師資培育的實務取向。**教育研究與發展期刊，2**（1），33-62。

郭明德（2001）。**班級經營——理論、實務、策略與研究**。臺北：五南。

張民杰（2007）。**班級經營：學說與案例應用**。臺北：高等教育。

張民杰（2008）。中小學專家教師班級常規策略之分析與比較。**教育學刊，31**，79-119。

單文經（1994）。**班級經營策略研究**。臺北：師大書苑。

盧富美（2002）。**班級常規經營：常規與教學雙人行**。臺北：心理。

Johnson, D. D., Marilyn, R. P., & Edgington, W. D. (2005). For the uninitiated: How to succeed in classroom management. *Kappa Delta Pi Record, 42*(1), 28-32.

Chapter 3

獎懲制度

學習目標

一、了解獎懲制度的意涵。

二、了解訂定獎懲制度的原則。

三、能訂定符合教育理念與規準的獎懲制度，並有效執行。

四、能了解正向管教的意涵與原則，並能實際運用於班級經營中。

一、獎懲制度的意義

獎賞是教師在班級中最常使用的方法，由於獎勵本身會帶給學生榮譽感，能提升學生對於學習的興趣，且能有效增強學生繼續表現出優良的行為。獎勵制度可促使學生遷過向善，使學生能夠奮發向上、再接再厲，老師如能善用，將能使班級經營的落實更易達成。但是要將獎賞與處罰運用得當是不容易的，有經驗的教師更能有效地運用獎懲，使表現好的兒童因為受到獎賞而繼續努力；使表現不好的兒童因為受到處罰而警惕自己的言行，使自己不再重蹈覆轍。

在行為改變技術訓練過程中，當受訓者表現「不受歡迎的行為」時，訓練者施予「負增強物」而收到嚇阻作用，以防其再犯，這一種過程稱為懲罰（punishment）（朱文雄，1989）。依據《牛津英文辭典》解釋，懲罰是當個體做出不當行為之情境下，施予痛苦、剝奪權力或不愉快的結果，以使個體能建立適當的行為（Simpson & Weiner, 2000）。藉著直接施予個體所厭惡的刺激，或剝奪個體正享用的正增強物均可稱為懲罰（郭明德，2003）。歐陽教（1998）認為懲罰是對犯過或違規者給予身心上適當的痛苦或不適之報復，是管教活動的一部分。包括報應性、懲戒性、感化性及恕道性之懲罰。當學生出現不適當行為時，教師給予懲罰，使學生受到警惕，明白不應做出不適當行為，引以為鑑。

二、獎懲的類別

以下分別說明獎勵與懲罰的類別。

(一) 獎勵的類別

1. 社會性的獎勵

公開表揚學生，例如口頭讚美，說出讚美的事由、進步情形、獎勵方式、期勉學生再接再厲等。另外，教師也可以給予學生動作鼓勵，如眼光注視、微笑、點頭、拍拍肩、摸摸頭。

2. 物質性的獎勵

給予表現優異學生獎品、獎狀，或是學用品等。

3. 活動性的獎勵

允許表現優異的學生參與喜愛的活動，如給予學生至圖書室看書的機會；給予學生自由活動的時間。另外，教師也可視情況給予學生指定擔任管理性的工作，如擔任排長、小組長、小助手等工作，給予學生機會，讓他能幫忙老師，給予其自信心。

4. 代幣式的獎勵

最常用的是代幣制、積分制，如：榮譽卡、榮譽貼紙、笑臉、星星、點數等。其次，也可配合學校措施，如：榮譽制度、嘉獎、記功。

除了前述獎勵的方式之外，教師也可善用以下方式：通知家長（透過家庭聯絡簿、電話，或當面告訴家長其子女的良好表現）；書面鼓勵（在作業簿上或小紙條上書寫鼓勵的話）；展示作品（如文章分享、寒暑假作業）；額外加分等方式。

(二) 懲罰的類別

除獎勵之外，教師在班級經營上，不免也會用到懲罰，最常用的有以下兩種。

1. 給予厭惡性的刺激

給予身體困苦、從事厭惡的事、社會性處罰、符號性懲罰、通知家長。厭惡性刺激可能是社會性的，如口頭警告、口頭斥責、通知家長等；或者是實質性的，如記過、留校察看、罰寫作業、罰掃地等。但必須注意一點，教師必須避免使用「罰錢」的方式。

2. 剝奪權利

例如取消自由活動的時間、剝奪喜歡的活動、剝奪先前所發給的代幣等。

上述兩種懲罰形式之中，「給予厭惡性刺激」因涉及造成學生身體或心理的痛苦或不適，會產生學生身體傷害、親師關係緊張等副作用，因此，必須謹慎實施；而「剝奪權利」則因對學生的傷害不但較小，也是改變兒童行為較為有效的形式，教師可以靈活運用。例如在上體育課時，如有學生違反上課規則或安全規定，教師可以採取暫時剝奪學生打球或活動的權利，請學生先暫時在旁邊觀看，等到學生已經反省，願意確實遵守相關規定，教師再讓學生重新加入體育活動之中，如此，在不使用厭惡性刺激的情形下，即可讓學生學習到遵守規定的重要性，且願意表現出行為，是一種兩全其美的方法。

三、獎懲的原理與實例

(一) 獎勵

獎勵的採行，主要是依據下列心理學上的「增強原理」，步驟與方法如下：

1. 因增強作用必須針對「目標行為」，因此，必須先建立目標行為。
2. 目標行為在出現之後必須「立即增強」。
3. 行為改變過程初期應採「連續性增強」，也就是學生一旦表現出目標行為之後，教師必須立即給予增強，俾使目標行為能夠建立。
4. 目標行為達到令人滿意的出現頻率後，應採「間歇性增強」。
5. 「社會性增強物」應同時伴隨「實質性增強物」呈現。

根據數年前的調查，學生最喜歡老師給予的獎勵方式主要如：減少回家功課、給獎勵卡、開同樂會、多上一節體育課、上圖書室（館）看書等。較常用的獎勵實例，有以下幾項：

1. 個人獎勵辦法（利用榮譽卡）

學生如在課堂上或平時表現良好，例如認真做功課、參加校外比賽表現優異、準時繳交作業、認真打掃、上課專心學習或勇於發言、參與競賽表現優良、樂於助人、為班上服務等，可在榮譽卡上蓋一枚章。榮譽卡分為初級榮譽卡、中級榮譽卡與高級榮譽卡（可給予不同名稱），三種榮譽卡用不同顏色區分。教師可與學生約定換取榮譽卡的方式（如表 4）：

表 4 班級榮譽卡獎勵方式

每次行為表現優良就在聯絡簿或榮譽卡上蓋「優」的獎章。
每三到五個「優」的獎章換一張初級榮譽卡。
每三到五張初級榮譽卡換一張中級榮譽卡。
每三到五張中級榮譽卡換一張高級榮譽卡。

教師亦可在教室後面布告欄區貼一張榮譽榜，學期末時，計算榮譽卡的張數，依張數的多寡區分等級，可以領取相對應的獎品。這樣的做法，一方面可以讓教師與學生了解班上每位同學的表現情形；另一方面，也可以發揮見賢思齊的功能，學生看到表現優秀的同學，獎卡或榮譽卡不斷累積，也會鞭策自己要更加努力。

2. 分組獎勵辦法

分組競賽（包含整潔、秩序或學習的競賽），以整組的表現評分，表現良好加分，表現不良扣分，每週或每月結算一次，最高分的那一組每位學生可獲得若干獎勵點數，學期結束獎勵點數最多的

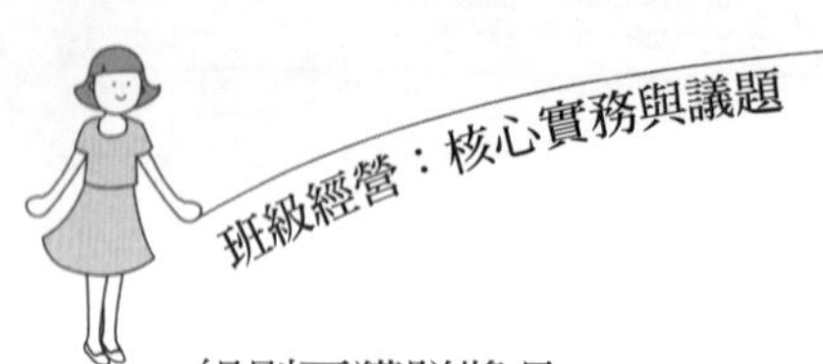

組別可獲贈獎品。

學生可以蓋優點章或給予榮譽卡的情形，舉例如下：

(1) 聯絡簿、作業書寫正確端正。
(2) 每日打掃認真者、熱心服務者，蓋優點章或給予榮譽卡。
(3) 熱心助人，蓋優點章或給予榮譽卡。
(4) 整潔、秩序競賽得名，全班蓋優點章或給予榮譽卡。
(5) 秩序表現良好者（朝會、上課、掃除、放學路隊）。
(6) 各學習領域／學科作業、每日心情小語得三個「好棒章」者。
(7) 分組競賽得冠軍者。
(8) 作品投稿者（參加獎）。
(9) 作品投稿獲刊登者。
(10) 個人或全班參加校內外比賽獲獎者。
(11) 其餘各項優良表現，如：熱心助人、幫忙做家事、戶外教學表現良好者。

(二) 懲罰

我國教育哲學學者歐陽教認為「懲罰」是對犯過或違規者，給予身心上適量的痛苦，或不舒服的報復，故一個懲罰的典型事例，必須有行罰的主體與受罰的犯過者，及適量的不舒服的報復。

因懲罰會造成學生身體或心理上的痛苦或不適，因此，教師在進行懲罰時，必須相當小心謹慎。懲處方式可採漸進累積的方式進行，如果是初犯，教師可視情況口頭勸阻；學生如果再犯且情節較為重大者，則應透過聯絡簿或電話與家長聯絡。如經以上程序，學生仍屢勸不聽者，須由導師個別輔導並進行家庭訪問，或轉介至輔導室輔導。

懲罰的情形，舉例如下：

1. 聯絡簿缺交或家長未簽名者。
2. 不遵守班規者。
3. 作業無故遲交者，或有錯誤未訂正。
4. 未帶課本、習作、作業或學用品者。

四、實施獎懲制度的原則

以下先說明獎懲的共同原則；其次，因懲罰容易引起後遺症，教師在使用上必須相當謹慎小心，因此，針對使用懲罰的原則加以說明。

(一) 獎懲的共同原則

1. 事先建立獎懲制度標準

無論是獎勵或懲罰，教師都必須先有相關腹案，並與學生溝通獎懲規則，約定哪些行為可以獲得獎勵，哪些行為是必須被處罰的。明確訂下班級生活規範，開始執行之後，老師必須賞罰分明，讓孩子了解到，有良好的表現才能獲得老師的讚美和獎勵。用這個方法，可以幫助老師帶領學生學會負責，以及幫助老師組織一個有秩序的班級。另外，教師也應與家長建立良好的雙向溝通管道，明確告知家長懲罰方式及原則，建立親、師、生三方共識。

2. 獎懲的方法應多元

教師如只固定使用同一種的獎勵方法，久而久之，易造成學生疲乏，沒有新鮮感，激勵學生的效果將遞減，因此，教師可常變換獎勵的辦法，較能吸引學生注意，以達到效果。其次，因獎懲的方式有很多，教師應針對學生的需求而選擇獎懲的方式，以獎勵而言，教師應「投其所好」，以學生喜歡的獎勵方式來進行，才能達到效果。

3. 個人與團體獎懲並用

盡量以鼓勵代替責罰，為培養孩子能有團結合作的精神，獎勵方式以小組競賽榮譽制度為主、個人榮譽制度為輔。教師在採用獎懲時，透過團體的力量，鼓勵學生為爭取團體的榮譽而努力，也可增加其團體的向心力與團結力；同時，也可經由團體的制裁，使不當行為者有所警惕。但是，團體懲罰絕非「連坐法」式的處罰，而是利用團體的力量來互相約束（張新仁，1997）。例如當班上某些學生上課秩序不佳時，老師不可因為情緒不佳來處罰全班，可利用小組競賽方式，並向全班說明：若小組內有同學秩序不佳，則小組記上一個「缺點」，則小組為了小組間的競賽勝利，自然會去約束那些「犯規」的學生。換言之，運用「團體約束」的力量，亦可產生效果。

4. 教師於獎懲前都要先說明原因

對於賞罰，老師都要確實說明原因，使學生了解被獎勵與懲罰的原因。另外，教師必須特別注意一點，在處罰後，應適時安撫學生，先讓學生說明自己的錯誤行為及被罰感受，老師再加以輔導。

值得一提的是，獎賞雖然有其效果，但也可能產生副作用，例如學生可能為獲得獎賞，而產生過度競爭、錙銖必較的情形；或者是學生可能為了受獎賞，而凡事皆遷就討好教師的賞罰標準，使價值判斷及創造力的發展受限。因此，教師在使用時必須避免這些副作用。

5. 獎勵多於懲罰

站在教育的立場，學校教育要多多鼓勵學生，因此，獎勵的次數或頻率應該遠高於懲罰。

6. 定期檢討獎懲的效果，並適時加以調整

教師應定期檢討獎勵與懲罰制度的實施效果，並視需要調整有關規定。

(二) 使用懲罰的原則

教育部曾表示學校教師可以在必要時，實施「暫時性疼痛」的體罰，不過必須符合五項原則：

1. 不得由教師自行為之，實施時必須要有其他教師在場。
2. 不得因學業成績為之。
3. 必須事前取得家長或監護人書面同意。
4. 實施暫時性疼痛管教的部位只限於手心。
5. 實施前應說明理由，並給予學生或家長陳述意見的機會，實施後也應觀察後效，做成紀錄。

歐陽教（1998）認為懲罰應掌握「無據不罰、無效不罰、無益不罰、無需不罰」之原則，此項原則意涵如下：

1. 無據：如沒有事實根據，則不施行體罰。
2. 無效：如不能用以防止危害，則不施行體罰。
3. 無益：如所產生的危害大於防止的危害，則不施行體罰。
4. 無需：如無需體罰亦可防止或中止危害，則不施行體罰。

另一方面，體罰屬於懲罰的一部分，但因體罰造成的負面作用更大，如：體罰容易傷害學校、教師與學生之間的關係；體罰會使學生產生憤恨之情，因而抑除未來的合作意願；體罰容易激起學生

「以暴制暴」之心，會對學校或老師採取報復行動；體罰導致學生依賴外在權威來約束行為；體罰雖可以立即制止學生不良行為，但教師如沒告知學生正確行為，學生依然無法學習到好的行為。因此，教師在使用時，不可不慎。

以下說明教師在實行懲罰時應該注意的原則：

1. 執行時應心平氣和，避免在盛怒時懲罰學生

教師在執行懲罰時，應在心情平靜時進行，切忌在盛怒時懲罰學生，因為在盛怒時進行懲罰，不僅情緒容易失控，說出不理性的話語，也可能出手體罰學生，造成學生的身心傷害。另外，教師即便在懲罰學生時，也必須表露出關愛學生的態度，使學生感到教師懲罰學生的出發點其實是為了學生好，使學生願意積極的改變不良的行為。

2. 了解學生犯錯原因，並向學生說明被處罰之原因

教師在施行懲罰前，應給予學生說明的機會，同時也要說明教師進行懲罰之理由，使學生了解受罰的原因。

3. 兼顧學生個別差異

當學生不良行為發生時，教師應先了解其犯過的原因或動機，在實施懲罰前，應考量學生身心發展的成熟度與個別差異，進行不同方式的懲罰。例如平日表現乖巧的學生，偶爾犯錯，教師可適度調整方式，考量其平日的表現，給予改過自新的機會，或「高高舉起，輕輕放下」，施予較輕程度的懲罰即可。

4. 對事不對人

懲罰要有具體明確的事證，就事論事，讓學生了解受罰的原因是因為學生產生不良的行為本身，並非針對學生個人。

5. 盡量私底下進行懲罰

所謂「揚善於公堂，規過於私室」，教師表揚學生優異的表現，應當在公開場合（如升旗集會、班會、導師時間……），不僅使學生受到激勵，感到尊榮感，也可使其他學生有見賢思齊的機會；然而，如果是懲罰，在考量到學生的尊嚴時，懲罰應盡量在私下進行。

6. 立即施行，且避免使用連坐法

懲罰時間應和不適當行為緊密相連，方可及時制止學生不良行為。其次，教師不應因一位學生或少數學生犯錯而波及全體學生，免得學生心生不服。

7. 懲罰後應予輔導，並與家長保持聯繫

懲罰只是教育活動上的手段，並非最後目的，因此，教師對於受到懲罰的學生，事後應給予積極的輔導，使其身心避免受到傷害，且能改過向善。其次，學校教育的成功，必須有家庭教育的支持，因此，老師實施懲罰時，必須與家庭溝通，達到共同督促，以收預期之效。但若有任何狀況發生時，教師秉持「溫和的堅持」會是一種較好的方法，教師與家長輔導對管教學生應有一致的想法與立場，亦即親師兩者之間應互為助力而非阻力，避免互相指責或彼此方式不調適的情形發生。

五、教師輔導與管教學生政策發展沿革

我國在 2006 年 12 月 27 日《教育基本法》第 8 條及第 15 條修正公布，納入「並使學生不受任何體罰，造成身心之侵害」等文字，以保障學生之身體自主權與人格發展權；教育部並於 2007 年

6 月 22 日擬定「推動校園正向管教工作計畫」，以積極推動校園正向管教政策。以下臚列歷年來教師輔導與管教學生政策發展沿革，俾對整體政策有完整了解。

表 5 歷年教師輔導與管教學生政策發展沿革

日期	沿革
1986/7/24	臺（75）國字第 31712 號函知各主管教育行政機關，禁止體罰為本部一貫政策，各國民中小學均應切實遵行。
1997/7/16	臺（86）參字第 86082162 號令發布「教師輔導與管教學生辦法」。
1997/8/26	臺（86）訓（一）字第 86100120 號函請各主管教育行政機關督導所屬學校依規定制定「學校輔導與管教學生要點」。
2000/9/02	臺（89）訓（一）字第 89100108 號函知各縣市政府教育局，重申嚴禁學校及教師採用打罵等不當管教學生方式，並確實本於權責督促所屬學校及教師落實教師輔導與管教學生相關規定。
2003/5/30	臺訓（一）字第 0920074060 號函知各主管教育行政機關及大專校院，因應教師法修法，本部將依法廢止「教師輔導與管教學生辦法」，請本部中部辦公室、直轄市政府教育局及縣（市）政府本於權責督導所屬中小學全面檢視各校原已訂定之學校輔導與管教學生要點，並依「教師法」第 17 條規定訂定學校教師輔導與管教學生辦法，經校務會議通過後實施，並公告周知。
2003/10/16	臺參字第 092015107 號令廢止「教師輔導與管教學生辦法」。

表5 歷年教師輔導與管教學生政策發展沿革（續）

日期	沿革
2005/9/6	臺訓（一）字第 0940121652 號函修訂「學校訂定教師輔導與管教學生辦法注意事項」，訂定教師輔導與管教學生辦法，其中第 6 點明訂教師輔導與管教學生，不得有體罰學生之行為，且不應對學生身心造成傷害。
2006/12/27	華總一義字第 09500182701 號令修正公布教育基本法第 8 條及第 15 條；修正內容係將第 8 條第 2 項修正為「學生之學習權、受教育權、身體自主權及人格發展權，國家應予保障，**並使學生不受任何體罰，造成身心之侵害**」，第 15 條則修正為「教師專業自主權及學生學習權、**受教育權、身體自主權及人格發展權**遭受學校或主管教育行政機關不當或違法之侵害時，政府應依法令提供當事人或其法定代理人有效及公平救濟之管道。」 立法院並通過附帶決議如下：「為建立校園完整的輔導管教機制，以免因『禁止體罰』立法通過後基層教師因管教學生動輒得咎、無所適從，對學生輔導改採消極態度；同時避免校園中霸凌、恐嚇、勒索、偷竊……等偏差行為因無法約束而危害學生及他人，致使『教育基本法第 8 條、第 15 條修正案』通過後，多數學生未蒙其利反受其害，教育部應與全國教師會於六個月內研擬完成『教師輔導與管教學生辦法注意事項』，俾使基層教師對於輔導管教有一明確可循之處理原則，同時避免本案通過對於學校教育所產生之負面影響。」
2007/6/22	臺訓（一）字第 0960093909 號函修正公布「學校訂定教師輔導與管教學生辦法注意事項」，並發布「學校實施教師輔導與管教學生辦法須知」，明定輔導與管教之目的及原則、輔導與管教之方式、紛爭處理及救濟等；同時公布「教育部推動校園正向管教工作計畫」，透過行政規劃與督導、協助教師專業成長、降

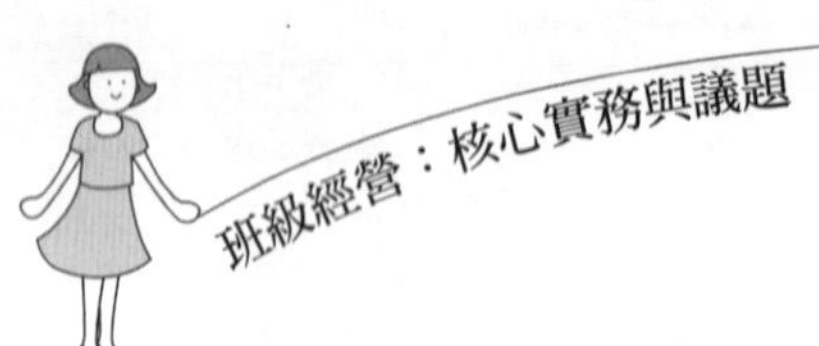

表 5 歷年教師輔導與管教學生政策發展沿革（續）

日期	沿革
	低教師負擔並給予教師支持資源、對教育人員違法或不當管教學生事件之處置、家庭及社會宣導教育等五大策略，提升教師正向管教知能。
2007/7/9	臺訓（一）字第 0960098662 號函公布國中及國小之教師輔導與管教學生辦法參考範例，以供各國中小參考運用。
2007/10/3	依據 96 年 9 月 10 日本部第一屆人權教育諮詢小組第四次委員大會會議決議，以臺訓（一）字第 0960147646 號函請各縣市政府轉知所屬學校，於修訂教師輔導與管教學生辦法時，應依「學校訂定教師輔導與管教學生辦法注意事項」第 2 點規定辦理；並應經充分理性溝通與討論，俾於修訂過程中落實人權教育之理念。
2008/2/5	以臺人（三）字第 0970015178C 號令修正發布「公立高級中等以下學校教師成績考核辦法」第 6 條規定，按教師不當管教或違法處罰之情節輕重，增訂違法處罰學生，情節重大，造成學生身心重大傷害，予以記大過；違法處罰學生或不當管教學生，造成學生身心傷害，予以記過；違法處罰學生情節輕微或不當管教學生經令其改善仍未改善，予以記申誡之規定。另就教師有其他違反有關教育法令規定之事項，情節輕微者，增訂得予以申誡懲處之規定。
2008/10/15	以臺參字第 09700195118C 號令修正發布「公立高級中等以下學校校長成績考核辦法」第 7 條規定，增訂校長若違法處罰學生，造成學生身心傷害，情節重大，予以記大過；若違法處罰學生或不當管教學生，造成學生身心傷害、怠為處理教師違法處罰學生的懲處，予以記過；違法處罰學生情節輕微或不當管教學生，經令其改善仍未改善，則予以記申誡。為避免校長對學生輔導與管理工作消極不為處理，此次還增訂校長對學生輔導與管理工作未能盡責，雖未發生事故，也應予以懲處。

表5 歷年教師輔導與管教學生政策發展沿革（續）

日期	沿革
2009/12/31	以臺訓（二）字第0980229502號函請直轄市及各縣市政府於辦理校長、主任儲訓、新進教師及教師在職進修研習時，優先列入輔導管教相關課程，並加強法治教育宣導，杜絕校園霸凌事件。
2010/4/20	以臺訓（二）字第0990064264號函請公私立大專校院、直轄市及各縣市政府督導所屬學校，多加利用相關研習及多元管道加強宣導正向管政策，並應採取合於教育專業之管教方式，善盡輔導與管教學生責任，嚴禁體罰及其他違法或不當管教之情事。
2010/7/2	以臺訓（一）字第0990112510號函請直轄市及各縣市政府加強督導所屬學校確依「學校訂定教師輔導與管教學生辦法注意事項」內涵及規範，適時檢討修正各校教師輔導與管教學生辦法，俾減少不當管教施建再生。
2010/9/28	以臺訓（一）字第0990149312號函修訂「推動校園正向管教工作計畫」，第二期計畫著重在於透過專業成長，增進全體教育人員正向管教之知能；加強教育行政機關及學校分工與合作，強化三級預防功能；以教育現場真實案例提出分享與傳承；透過肯定、鼓勵、正向心理等課程研習及訓練，學習覺察與控制情緒；並藉由各種策略推動，加強對學校師生宣導正向管教政策，達到杜絕體罰之根本目標。
2011/1/31	以臺訓（一）字第1000017691號函送禁止體罰、輔導管教配套措施對照表及架構、「教師輔導與管教學生辦法注意事項」及「教育部推動校園正向管教工作」簡報檔、高中以下各級學校落實教師輔導管教應辦事項檢核表等資料予直轄市及各縣市政府，並轉知所屬學校配合友善校園週活動及相關研習、會議加強宣導，以確實執行禁止體罰。

資料來源：教育部（無日期a）。

其次，依據「學校訂定教師輔導與管教學生辦法注意事項」規定，有關教師之管教措施略述如下（教育部，無日期 b）：

(一) 正向管教

如記功、嘉獎、口頭讚賞、成果表演、禮物獎品等。

(二) 一般管教

依該注意事項第 22 點規定，包括口頭糾正、調整座位、要求口頭道歉或書面自省、列入日常生活表現紀錄、通知監護權人、協請處理、要求完成未完成之作業、適當增加作業或工作、要求課餘從事公共服務、取消參加正式課程以外之活動、要求靜坐反省、站立反省、暫時轉送其他班級學習、依學校學生獎懲規定等 15 種。

(三) 強制措施

學生有攻擊、自殺等行為，教師得立即對學生身體施加強制力，排除或預防危害。

(四) 特殊管教

係指一般管教措施無效或學生不服管教時，所採取之特殊管教。

1. 行政支援

管教無效或學生明顯不服管教，明顯妨害現場活動時，教師得要求學務處或輔導處派員協助將學生帶離現場，安排學生前往其他班級、圖書館參與適當之活動或進行合理之體能活動。必要時，得強制帶離，並得尋求校外相關機構協助處理。

2. 家長參與

請監護權人配合到校協助輔導該學生並盡管教責任，及委請班級（學校）家長代表召開班親會，邀請其監護權人出席，討論有效之輔導管教與改進措施。

3. 帶回管教

學生違規情節重大，經學生獎懲委員會討論議決後，交由其監護權人帶回管教，每次以五日為限，並應於事前進行家訪，或與監護權人面談，學校應與學生保持聯繫，評估其效果。

4. 請求上級機關協助

如學生須輔導與管教之行為係因監護權人之作為或不作為所致，經與其溝通無效時，學校可函報主管教育行政機關、社政或警政等相關單位協助處理。

5. 高關懷課程

學生違規情節重大，經學生獎懲委員會討論議決後，規劃參加高關懷課程，由校長擔任召集人，設高關懷課程執行小組，編班以抽離式為原則，依學生不同問題類型，以彈性分組教學模式規劃安排課程，由專責教師擔任導師工作。

(五) 紛爭處理

教師請求或必要時，學校應協助其處理紛爭；另教師因合法管教學生，與監護權人發生爭議、行政爭訟或其他司法訴訟時，學校應依教師之請求，提供必要之協助（如心理支持、法律諮詢等）。

(六) 另學生違規情節嚴重，有觸犯刑罰法律之行為或有觸犯刑罰法律之虞，符合《少年事件處理法》第 3 條之情形時，得經學生

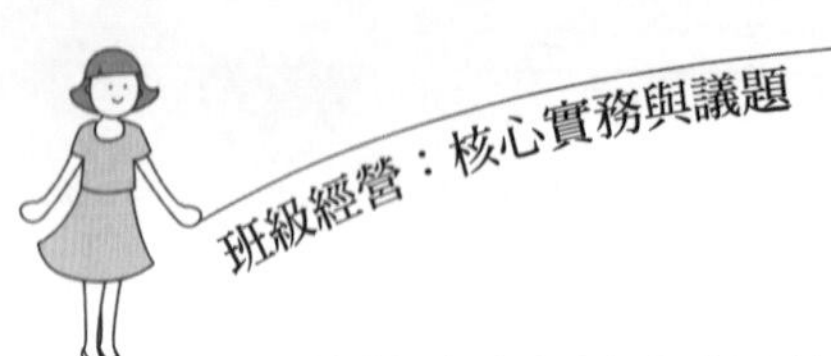

獎懲委員會討論議決後，送請少年輔導單位輔導，或移送警察或司法機關，經由外部資源網絡，採取社會合力管教措施。

六、結語

獎賞與處罰都只是教育上的一種手段或工具，並不是改變學生行為的萬靈丹。教師如果運用得當，固然可以收到良好的效果；但是運用不當的話，將會帶來許多的副作用。

獎賞與處罰該如何拿捏分寸，有賴於發揮教師的智慧、吸取其他教師的經驗，發展出多種不同的配套方案，並因應不同類型的學生、情境，來加以靈活運用。

問題思考

當學生為獲得獎賞，而產生過度競爭、錙銖必較的情形，教師應該如何處理？

參考文獻

朱文雄（1989）。**班級經營**。高雄：復文。

張新仁（1997）。不同學校效能的國小數學教師教學行為之觀察研究。**教育學刊**，**13**，83-116。

郭明德（2003）。論懲罰（體罰）。**學生事務**，**42**（4），49-55。

教育部（無日期 a）。有關教師輔導與管教學生政策發展沿革。2013 年 2 月 11 日，取自 http://203.68.66.14/develop.php

教育部（無日期 b）。學校訂定教師輔導與管教學生辦法注意事項。2013 年 2 月 11 日，取自 http://203.68.66.14/news_detail.php?code=05&sn=414&page1=1

歐陽教（1998）。**教育哲學導論**。台北：文景。

Simpson, A., & Weiner, E. S. (2000). *The Oxford English Dictionary*. Oxford: Clarendon.

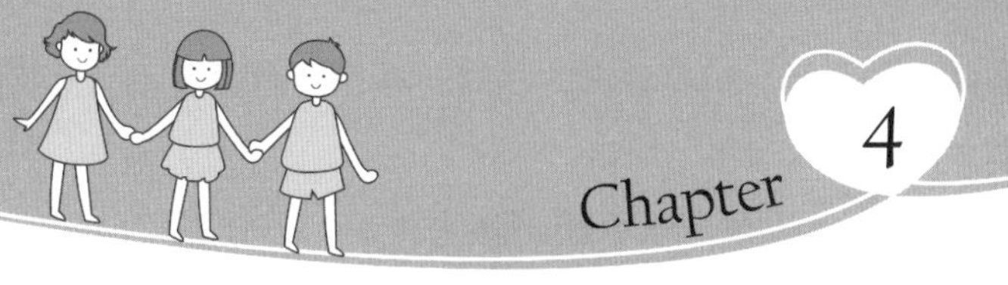

親師溝通與家長參與學校教育

學習目標

一、了解親師溝通與家長參與學校教育的重要性。
二、了解親師溝通內容、管道、方法，及可能面臨的困難。
三、能與新移民子女家長進行溝通。
四、能運用親師溝通的原則於實務上。

一、前言

這一波家長參與學校教育的背景，可以參照先進國家教改的趨勢，例如美國於 1994 年頒布《家長參與子女學校教育方案》。而國內也出現相同的教改呼聲，我國自從九○年代一連串的教育改革運動以降，強調學校組織再造和學校本位經營，使得學校組織中家長的權力意識，逐漸抬頭。而相關法令的修訂與頒布，使得學校經營模式有了重大的轉變。例如教師評審委員會授予在地學校能選聘教師，甚至修訂校務會議的法規，讓家長有更多參與校務決策的機會。

1996 年《教育改革總諮議報告書》，強調家長參與學校事務的重要性，因應民主化的制度日趨成熟，2006 年發布《國民教育階段家長參與學校教育事務辦法》（見附錄三）。

檢視家長參與學校教育的相關法令，可以了解家長參與校務，不僅是世界趨勢，也是受到法令所保障。例如《國民教育法》提及，家長會代表參與學校校長的遴選，家長為學校「校務會議」當然的法定成員，家長會代表參與學校教師的聘任。《教育基本法》第 2 條規定「……為實現前項教育目的，國家、教育機構、教師、父母應負協助之責任」，第 8 條規定「國民教育階段內，家長負有輔導子女之責任；並得為其子女之最佳福祉，依法律選擇受教育之方式、內容及參與學校教育事務之權利」。《國民教育階段家長參與學校教育事務辦法》第 8 條「每學年開學後二週內，班級教師應協助成立班級家長會，並提供其相關資訊。每學年開學一個月內，學校應協助成立全校家長代表大會，並提供相關資訊，以協助成立家長委員會」。

由上述國內外教育的發展趨勢，以及相關法令的訂定，可以發現目前家長參與（parents involvement 或 parents participation）學校教育已成為國內當前教育改革一項重要的議題。常見的家長參與學校教育權利，有參與縣市教育審議委員會、校長遴選委員會、學校校務會議、教師評審委員會、課程發展委員會及教科書選用委員會等。基於此，探究家長參與校務的現況，以及了解親師之間如何溝通，乃是相當重要的課題。

二、親師溝通的內容與方法

(一) 教師應讓家長知道的事

一般而言，教師應該讓家長知道的事情，主要包含：

1. 教師的教育理念與做法。
2. 教師對學生的期望。
3. 期望達成的方式。
4. 子女在學校各方面的表現。
5. 學校行事以及班級各項活動。
6. 家長如何提供協助。
7. 突發事件。

其次，因學校教育必須引進家長資源，因此，教師也應該讓家長了解，班級需要家長提供哪些協助？家長應如何協助班上？例如，晨光時間如果需要家長提供各項協助（說故事、教學……），教師應透過各種管道，尋求家長的支援。

(二) 與家長溝通的方法

1. 教師應敞開心胸，隨時接受批評

教師因為平常「說話」的時間很多，但「傾聽」的時間很少，以至於容易產生「只喜歡講、很會講，但不喜歡或不習慣聽」的職業病，如果以這樣的習慣與家長相處，往往無法產生有效的溝通。因此，在與家長聯繫時，教師應敞開心胸，屏除任何成見，有接受批評的雅量，這樣面對家長提供的寶貴意見，才有接受的可能。

2. 主動並定期與家長聯繫

教師應避免學生有事情時才找家長，而應定期主動與家長聯繫，如此，不但可以建立與家長的情誼，也可讓家長了解教師相當關心自己的小孩。

3. 多以預防行動代替治療行動

教師如能定期主動與家長聯繫，共同關心孩子的成長，能夠及早發現學生可能產生的不良行為，也就能及早應變處理，這比起學生發生問題或產生不良行為之後，才聯絡家長處理，要來得有效且事半功倍。

4. 持尊重與關心的態度與家長溝通

親師溝通最忌諱的一點，是雙方別在孩子面前道彼此的不是。老師在孩子面前，千萬別說家長的不是，即使是孩子主動抱怨，教師也別附和，以免學生回家傳話，否則可能會導致親師雙方的誤會，甚至衝突。如真要評論，必須以正面的語氣傳達，例如如果學生家庭聯絡簿都沒給家長簽名，教師不可說出情緒性話語，如：「家長會那麼忙嗎？忙到連簽名的時間都沒有？」而要以正面的語氣溝通，如：「爸媽工作很辛苦，也很忙！所以你要自己主動拿聯絡簿給家長簽名！」另外，教師也應與家長溝通，請家長有事直接與教師溝通，避免在孩子面前批評老師，因為這樣做只會增加孩子對老師的不尊重，讓老師在學校更難教導孩子。

5. 與家長溝通明確可行的教育方式

學生家長的背景相當多元，如果不具有教育背景，在教導小孩時，可能會產生一些問題，如變成「直升機父母」、「現代孝子」，教導出「慣寶寶」、有「公主病」的小孩。因此，為避免此種情況，教師應透過各種管道，給予家長正確可行的教育理念與教育方式，一方面可以溝通親師之間的教育想法，另一方面亦可導正部分家長可能具有的不正確教育方式。

6. 站在家長的角度思考，且以不得罪家長為原則

教師在與家長說話時，口氣務必要委婉，在合法、合情與合理的前提下，盡量滿足家長的要求。其次，如無法滿足家長的期望時，也以不得罪家長為最高原則，秉持「態度要溫和，立場要堅定」、「外圓內方」的心態，與家長耐心溝通，即便不能滿足家長的期望，也可以想一想是否有雙方皆可以接受的「替代方案」。

7. 與家長溝通時要先說學生的優點，再說學生的缺點

人人都喜歡聽好話，再加上現在的家長生得少，每個小孩都是父母的寶，沒有家長喜歡聽到教師一直在告小孩的狀，因此，教師在向家長說明學生的缺點時，必須慎選時機！比較常用的方法是，先向家長說學生的優點，家長聽到老師稱讚自己的小孩時，心情一定很好，這時教師再說學生的缺點或問題，家長比較能夠接受。

(三) 家長無法參與班級事務的原因

一般而言，家長無法參與班級事務的原因，不外乎以下幾項：

1. 不知做什麼，也不知如何做。
2. 沒時間。
3. 不願參與。
4. 冷漠。

針對以上家長無法參與班級事務的原因，有克服之道。以第一項而言，學校以及教師就必須透過各種方式，如通知單、聯絡簿、校刊、班刊等等，讓家長知道學校以及班級需要哪些協助，家長如何協助子女所就讀的班級。其次，因現今社會大都是雙薪家庭，家長工作都相當忙碌，學校或班級在尋求家長協助或參與校務時，必須考量到家長的時間是否可以配合。以班親會為例，如果在白天時間召開，除了少數擔任家管或上班時間彈性的家長有空參加之外，大多數家長由於必須上班，將無法出席。因此，為解決此問題，必須將時間訂在晚上或是週六，以方便家長撥空參加。至於有的家長沒有意願參加，或是對於學校事務較為冷漠，則可以透過鼓勵或獎勵方式，提高家長參與校務或班級事務的意願。

另一方面，與前述情形相反的，目前各學校或多或少也發生家長過度干預學校教育的問題，即俗稱「怪獸家長」的問題。在日本，經常向老師抗議、抱怨，刁蠻不講理，處處干涉學校作為的父母，被稱為「怪獸家長」，這群被戲稱為「怪獸家長」的父母已經愈來愈多，成為日本教育圈的頭痛議題（劉長菁，2008）。

日本法政大學教授尾木直樹分析，所謂的怪獸家長有五大種類（劉長菁，2008）：

1. 學校依存型（任何事情都推給學校）。
2. 自我中心型（凡事只考慮自己，要求學校順應自己的時程安排活動）。
3. 暴力型（以暴力或倚仗暴力團體名義對學校施壓）。
4. 權力主張型（只提出對自己有利的理由，推托學校的安排或要求）。
5. 抱怨型（經常提出不合理抱怨）。

教師如面對對於學校或班級事務過度干預、涉入、抱怨的家長，必須小心面對，這是因為班上只要出現一、二位這樣的家長，將會使教師感到相當困擾。面對這樣的家長，建議教師以上述不得罪家長或與家長發生衝突為最高指導原則，如果家長一直很

「魯」，單憑教師一人力量無法處理，建議不妨尋求行政人員的協助。

三、與新移民子女家長的溝通

近幾年來，新移民子女進入小學就讀的情形日益增加，教師面對新移民子女的機會很多，也必須學會與新移民子女的家長溝通。以下即針對溝通注意要點加以說明。

在新移民子女父母教養方面，大致區分為三種情況：第一種是由父親主導。杜麗雅與楊銀興（2008）研究發現，東南亞新住民女性因語言文化背景與臺灣的不同，造成在指導孩子課業時有困難，故多由父親指導課業。母親因文化背景不同而無法指導孩子課業，但會採用獎勵的方式希望孩子自發性學習。第二種情形則是夫家不讓母親干涉，母親沒有教養小孩的主導權。陳湖源（2003）指出，夫家通常不願外籍母親用母國語言教育子女，外籍母親會因語言文字溝通困難及教養觀念的文化差異產生衝擊，在傳統家庭中更少有教養自主權。第三種情形則相反，因為父親忙於工作，小孩教養工作由母親主導。陳烘玉（2004）指出，傳宗接代是臺灣男子迎娶外籍女子的主因之一，在小孩出生後，父親便專注於工作，而子女教養的工作便完全落在外籍母親身上，但由於文化差異所造成的不同教育理念，經常產生家庭衝突，導致孩子在家庭或學校中的生活適應無所適從。

因上述三種新移民父母教養方式皆不同，所以教師在面對新移民學生，應注意親師溝通時，必須先了解主導教養孩子的是父親或母親；而在溝通管道上，部分新移民母親因受限於中文表達能力，無法以家庭聯絡簿作為溝通工具時，教師應考慮採用其他管道或做法，例如面對面進行溝通。最後，若新移民家長較無力督促孩子家庭作業時，教師必須尋求其他協助管道，例如請其他小朋友同儕協助，或是尋求學校課業輔導資源等。

四、親師溝通的管道

一般親師溝通常用的管道如下，教師可視情況與需要靈活運用：

1. 家庭聯絡簿。
2. 家庭訪視。
3. 電話聯繫。
4. 書信（如「給家長的一封信」）。
5. 班刊。
6. 義工爸爸、愛心媽媽。
7. 家長參觀教學日。
8. 班級網頁、部落格、臉書。
9. 電子郵件。

在親師溝通管道上，每學期教師應固定發給學生「給家長的一封信」。給家長的一封信（詳見以下範例），通常是在學期一開始的時候發給家長，把老師想跟家長溝通的事項讓家長知道，希望藉此取得家長的支持。在寫給家長的一封信時，必須注意幾點：(1)要在開學第一週及早發給家長，切莫拖延到學期中；(2)教師在信中必須清楚說明班級經營的理念、學校相關措施與規定、需要家長配合之事項、學生學習發展情況，或一些須與家長溝通、請家長支持配合之班級管理措施等，再印發給學生轉交，並請家長簽名過目後交回；(3)為達到雙向溝通的目的，在信中最後應附上家長意見回饋欄，請家長提供對於班級的想法與建議。

範例　給家長的一封信

敬愛的家長：

恭喜您的小孩升上○年級，我是導師○○○，很榮幸能教到您的孩子，與您一同為孩子的成長努力。

為了讓我們的孩子很快的適應新的環境、新的老師，有一個好的開始是很重要的。為了便於溝通，我願將請您配合的事項及教育觀念，作一簡要說明，讓我們擁有堅定的信心，一起引導孩子前行。

(一) 個人簡歷

姓名：○○○　○○縣市人

電話：　手機：　e-mail：

學歷：○○大學

經歷：

(二) 教育觀念的溝通

1. 我主張生活教育的培養，孩子從小養成良好的生活習慣（愛整潔、守秩序、有禮貌、衛生、守時）。衛生方面：要求學生每天應攜帶手帕、衛生紙。另外，請幫孩子準備牙刷、牙膏攜帶至學校，以便午餐後潔牙使用。守時方面：學生每天 7：30～7：45 準時到校。
2. 我極重視學生的健康（個人衛生習慣、體能、視力）。體能方面：讀書極耗腦力與體力，有充沛的體力與健全的體魄，才能真正唸好書。此外，孩子年齡小、抵抗力差，容易生病，唯有增強體能才能增加抵抗力，改善體質。基於以上兩點，我將盡量找時間帶孩子到操場慢跑、打球、跳繩、做簡單的體能遊戲。視力方面：課堂上我會隨時注意孩子的坐姿，眼睛與書本保持適當的距離。

3. 在課堂上，我喜歡設計簡單的活動或遊戲，寓教於樂，讓孩子在遊戲中快樂學習，在遊戲中快樂成長。
4. 我尊重孩子的想法、看法與做法，不以權威做絕對的要求。
5. 養成孩子自動自發讀書的習慣。唯有培養「創造思考的能力」與「自動自發的學習態度」才是給孩子最佳的學習條件。
6. 我鼓勵孩子多閱讀，養成閱讀的習慣（讀書、多讀書、選擇讀書），培養班級讀書氣氛。
7. 家庭聯絡簿是我們合作教育的橋樑！您有任何意見、想法，請多記錄。另請要求孩子每天幫忙做家事，於聯絡簿上打「✓」；以及指導孩子每天學習一句成語並同樣記錄於聯絡簿。
8. 每個孩子的身心、成長環境都不相同，多多欣賞孩子的優點，請勿拿別人孩子和自己的孩子比。要相信自己的孩子跟別人的孩子一樣好！
9. 除了重視孩子的智育、課業成績外，也請同樣重視孩子的德育、體育、群育，以及美育。

(三) 請家長合作事項

1. 無論父母有多忙，請每天給孩子5到10分鐘單獨談話的時間，給予愛的鼓勵、關懷，傾聽孩子的聲音。

2. 孩子功課做完後請及時檢查，俾糾正錯誤，比老師隔日再批改有效果。逐項檢查後請在各項目上打「✓」，表示通過；如未做，應在該項上打「？」。
3. 假日建議可帶孩子到美術館、科博館等文教機構，參觀展覽，增加不同的學習體驗。
4. 家中若有孩子已看過的故事書，歡迎捐贈給班上，俾成立班級圖書館，供每個孩子早修、課餘閱讀。
5. 每日就寢前請要求孩子檢查隔天上課應攜帶的物品（如：書法用具、美勞用具、音樂笛子、要繳的費用等等）是否準備齊全。

以上幾點是溝通與合作事項，如果您有不同的看法或是具體的建議，可以寫下來夾在聯絡簿中，以電話聯絡或是來校當面溝通。謝謝您的支持與合作。祝

身體健康

事業順利

班導師 ○○○

年　月　日

回條

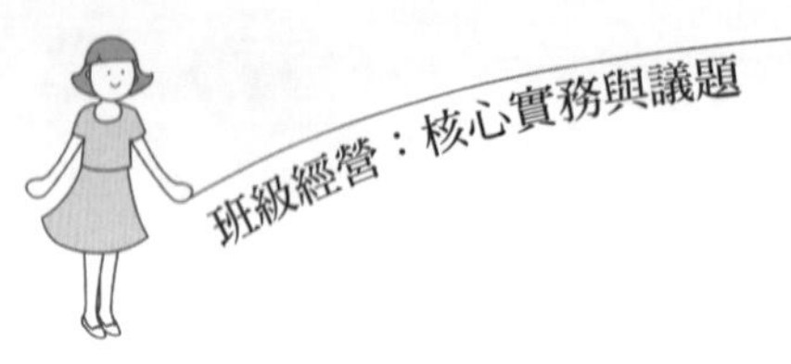

五、班級家長義工與班親會

良好的親師溝道管道，能形成親師之間的良性互動，因此，學校通常會成立學校家長會、班親會、父母成長團、愛心志工團，以聯絡親師情誼，強化親師關係。以下針對與班級較有關的「班級家長義工」與「班親會」進行說明。

(一) 班級家長義工之工作項目

1. 協助舉辦「家長日」、「親職教育」活動。
2. 協助教師進行課業輔導或補救教學等工作。
3. 舉辦親子活動。
4. 提供多樣化教材、協助教師教學活動。
5. 協助導護工作、維護兒童安全、支援晨光時間等。
6. 幫忙布置班級學期情境，美化班級教室空間。

(二) 班親會的組成與運作

導師除平時與家長做個別聯繫之外，考量到家長之間彼此仍是陌生的，可透過班親會讓親師、家長間彼此認識，並將家長的組成組織化，以發揮家長之間的力量。現行各校有些是每學期固定舉行一次班親會，有些則是每學年舉行一次。舉凡教育政策、學校活動、課業問題、管教與輔導學生方式、班級事務、經費運用等皆可於會中由親師雙方加以討論，取得彼此之間的共識。

簡言之，班親會具有以下目的與功能：

1. 親師間第一次的溝通與教學理念說明。

2. 妥善安排班級事務，請家長分工協助。
3. 家長發揮專長，認養班級需要家長協助的事項。
4. 主動尋求家長協助與支持，而非教師被動解釋與說明。

六、家長參與學校教育的意涵與功能

近年來，家長參與學校教育已成為一項趨勢，教育部並請學者撰寫「家長參與教育行動指南」（見附錄四）。以下分別針對家長參與學校教育的意涵與功能進行分析與說明。

(一) 家長參與學校教育的意義

廣義的家長參與學校教育，是指只要家長關心自己子女的教育，所採取的一切行動都屬於家長參與，包括家長到學校參與教育活動，也包括在校外或家裡協助子女進行學習活動。至於狹義的家長參與校務，則指家長於校內或校外（不包括家中）參與的所有教育活動。其目的主要是希望透過同為兒童學習過程中重要他人的教師與家長，彼此密切合作，使學校教育與家庭教育互相配合，促使兒童人格、學業等各方面的學習效果能更為優秀（侯世昌，2002）。

(二) 家長參與學校教育的功能

家長參與學校教育具有以下功能（侯世昌，2002）：

1. 家庭對兒童教育的影響力量不亞於學校與教師。
2. 家長參與可以化解教育改革過程中來自家長的阻力。
3. 家長參與可以讓教育改革的資源更豐富，並且獲得更多的社會

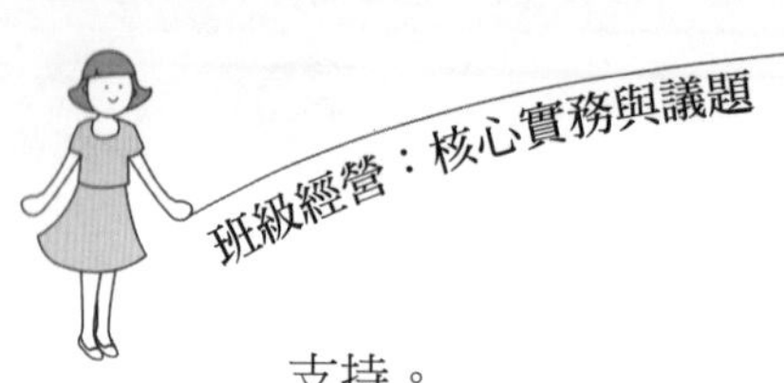

支持。

4. 家長參與是建構有效能學校的必備特徵。
5. 家長參與是教育系統持續生存與革新發展的有效策略。
6. 家長參與可帶來積極正向的教育政策。

有鑑於現代的家庭多為雙薪家庭，家長常忙碌於工作，為使家長能有時間多參與學校和班級事務，未來政府可考慮參考國外做法，訂頒每年一日家長參與教育假，以真正讓家長有空閒時間走進校園與班級，落實家長參與功能。

七、結語

俗話說：家長可以是教育的助力，但也可能成為教育的阻力。為使家長能為教育的合夥人、成為教育的助力，必須透過良好有效的親師溝通方能達成。因此，學校與教師應透過各種溝通場合與管道，多與家長進行有效的溝通，並引進家長的人力資源，共同為孩子的教育努力。

親師溝通除了了解本章所提的原則之外，更必須進行實際演練，以下提出幾項教師容易遇到的情境，進行演練之用。

1. 模擬開學第一週導師打電話與家長聯繫（如：自我介紹、溝通教育理念）。
2. 危機處理：模擬學生在校發生意外，與家長聯絡（說明情形與致歉）。

3. 模擬與家長聯繫，表揚孩子在校優秀表現。
4. 模擬某某學生在校行為表現不良，嘗試與家長聯繫溝通。
5. 模擬家長打電話給老師，表達對老師教育方式的「不同看法」（例如：家長覺得作業太多、小孩抱怨上課聽不懂、希望老師可以多補充課外教材……）。

問題思考

以下是親師溝通中，較難以處理的情形，如果您是教師，面對以下情境，應當如何與家長溝通聯繫？

1. 「縣（市）長獎不是我的小孩？」畢業獎爆冷門時該如何告知家長？
2. 家長要離婚，小孩要跟誰？
3. 班上單親家庭多，如何與家長溝通？
4. 家長送老師禮物，該不該收？
5. 家長與教師的理念不同時，教師該如何處理？
   (1) 有些家長始終認為：我的孩子永遠是對的！教師該如何與之溝通？
   (2) 大家常說：家長應該參與校務，但不是干預！如果家長參與過頭、熱心過頭（如協助教師布置教室，但卻連垃圾桶擺哪都要管），教師該如何開口與之溝通？
6. 學生在校與在家的表現大不同時，教師該怎麼辦？

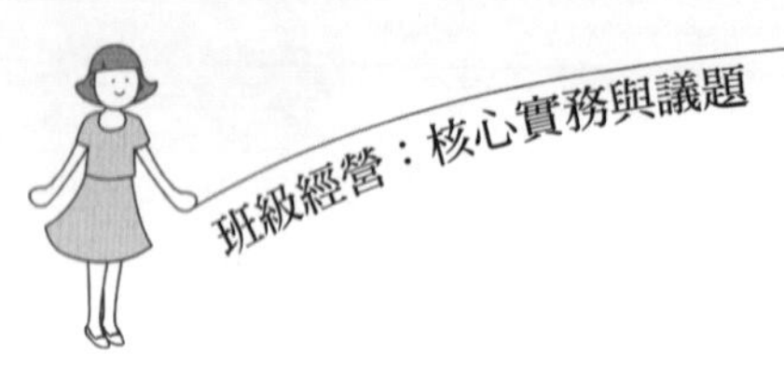

參考文獻

杜麗雅、楊銀興（2008，10 月）。**東南亞新住民家庭親子互動內涵之研究**。論文發表於國立臺中教育大學教育學系、課程與教學研究所、學校行政領導專業發展中心舉辦之「臺中市 97 年度新住民子女教育」研討會，臺中。

侯世昌（2002）。**國民小學家長教育期望、參與學校教育與學校效能之研究**。國立臺灣師範大學教育研究所博士論文，未出版，臺北。

陳烘玉（2004）。臺北縣新移民女性子女教育發展關注之研究。載於臺北縣教育局舉辦之「**外籍與大陸配偶子女教育輔導學術研討會**」**會議手冊**（頁 66-91），臺北。

陳湖源（2003）。外籍新娘識字教育探討。載於教育部社教司舉辦之**「九十二年全國外籍新娘成人教育研討會」手冊**（頁 75-85），臺北。

劉長菁（2008）。**日本怪獸家長**。2013 年 2 月 11 日，取自 http: //parenting.cw.com.tw/web/docDetail.do? docId=186

學生不當行為的處理

學習目標

一、了解不當行為的意涵與種類。
二、了解學生不當行為產生的原因。
三、了解學生不當行為的處理方法並能實際加以運用。
四、了解正向管教之意涵，並能運用於班級經營中。

一、不當行為的意涵與種類

所謂不當行為，亦稱不良行為、班級違規行為，係指學生在班級情境中的不良適應之外顯性行為，其行為干擾到課程的正常運作，導致教師教學及其他學生學習受阻。

不當行為大致可分為兩類（張春興、林清山，1981）：

(一) 不期望發生的行為出現太多

例如學生上學遲到或作業缺交，教師必須加以制止或消弱學生

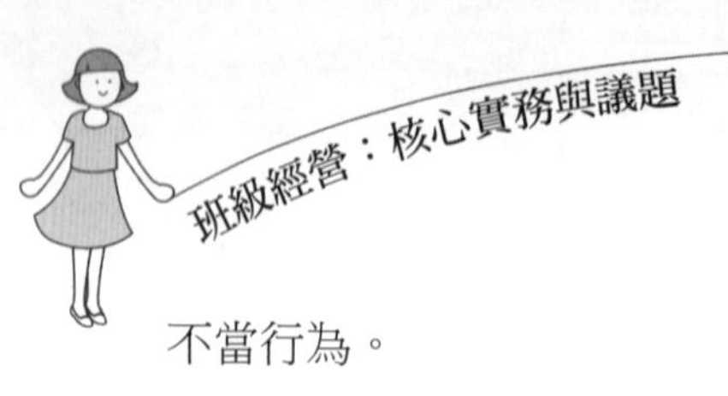

不當行為。

(二) 期望發生的行為出現太少

例如學生上課舉手發言情形不踴躍，為改善此現象，教師須誘發或增強。

張春興、林清山兩位學者提出的觀點中，第一項「不期望發生的行為出現太多」是一般大家所想到的不當行為，但是第二項「期望發生的行為出現太少」較為特別，兩位學者將此項情形也列入學生不當行為，主要目的應該是希望教師在教學時，消極目的除了制止學生不要發生不期望的行為，也應該有更積極的目的，誘發或增強學生的良好行為，使其能常常發生並建立。

此外，學生不當行為也可以分為擾亂秩序的違規行為，及影響教學效果的行為兩種，舉例說明如下（張新仁主編，1999）：

(一) 擾亂秩序的違規行為

1. 侵犯他人。
2. 違反班規行為。
3. 惹人注意。
4. 反抗權威。
5. 衝突紛爭。

(二) 影響教學效果的行為

1. 注意力不集中。
2. 求學態度不佳。

3. 人際關係欠佳。
4. 缺乏守時觀念。
5. 不能獨立自主。

反抗權威指學生故意與教師作對，在言語、行為或態度上表現出不服從或不尊敬的行為，如頂嘴、不服從老師的指示、對老師態度不尊敬、故意和老師唱反調、不服從處分等。

吳武典（1992）從心理學的角度將學生不當行為分類為：

(一) 外向性行為問題

即通稱的違規犯過行為或反社會行為，包括逃學、逃家、不合作、反抗、不守規律、濫發脾氣、撒謊、偷竊打架、傷害別人、搗亂、破壞行為、欺負弱小、粗語辱罵等。

(二) 內向性行為問題

即通稱的情緒困擾問題或非社會行為，包括畏縮、消極、不合群、不敢表示自己意見、過分依賴、做白日夢、焦慮反應、敵意情緒、自虐、自殺行為等。

(三) 學業適應問題

成績不如理想，而由非智力因素所造成，往往兼具有情緒上的困擾或行為上的問題，包括考試作弊、不做功課、投機取巧、粗心大意、偷懶、偏愛某些功課而偏惡某些功課、學業成績不穩定、不專心、注意力不集中、低成就等。

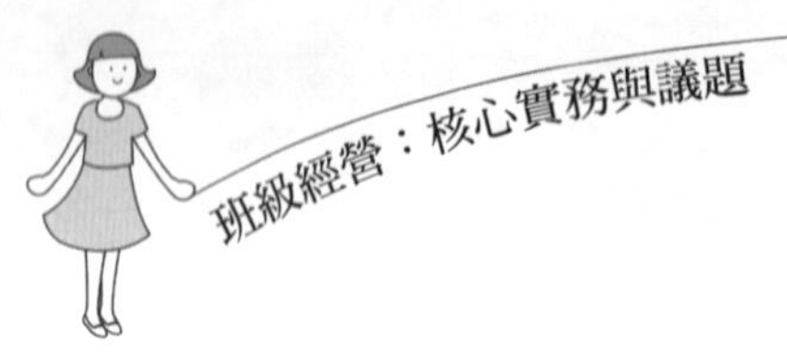

(四) 偏畸習癖

亦可稱為不良習慣，多與性格發展上的不健全有關，包括吸吮拇指、咬指甲、肌肉抽搐、口吃、偏食、尿床、菸癮、酒癮、藥癮、性不良適應等。

(五) 焦慮症候群

由過度焦慮引發而來，有明顯的身體不適症或強迫性行為，通稱為精神官能症或「神經質行為」，包括坐立不安、發抖、表情緊張、嘔吐、肚痛、頭昏、心胸不適、全身無力、強迫性思考、強迫性動作、歇斯底里、精神分裂症、情感性精神病（躁症、鬱症）及妄想症等。

學者研究指出，國小學生的不良行為，大多是輕微的不良行為或失序行為，不同年級學生有共同的不良行為，但也有不同的差異（張秀敏，2003；簡紅珠、江麗莉，1997；李仁宗，2011）：

(一) 低年級學生常見的不當行為是上課注意力不集中、上課愛說話、上課吃東西、遞紙條、上課擅自離開座位、打小報告、亂丟紙屑。

(二) 中年級學生常見的不當行為是注意力不集中、上課愛說話、打小報告、吵鬧、不寫作業、欺負同學。

(三) 高年級學生的不當行為則為上課注意力不集中、吵架、小集團、不寫作業、反抗心強、畢業前情緒浮動、男女問題、打電動玩具、打掃時混水摸魚。

(四) 各年級最常見的班級問題事件各有不同，但其中以「注意力不集中」和「上課愛說話」最常被提到，低年級的問題行為較偏向於上課規則；中高年級的問題行為偏向於學業規則和交友規則。

在班級經營上，最常見的不當行為有以下幾項，教師必須特別留意，防止其發生：

(一) 上課秩序方面

1. 每堂課鐘響後仍無法安靜下來。
2. 上課的搗蛋行為。
3. 上課玩玩具，或看教科書以外的書。
4. 上課打瞌睡。
5. 上課聊天。
6. 上課隨意走動、擾亂秩序。

(二) 作業繳交方面

1. 作業未完成，或敷衍了事，沒有認真寫。
2. 作業遲交。
3. 忘記帶學用品到學校。

(三) 行為方面

1. 破壞公物。
2. 考試作弊。
3. 罵粗話。
4. 惡作劇，或欺侮同學。

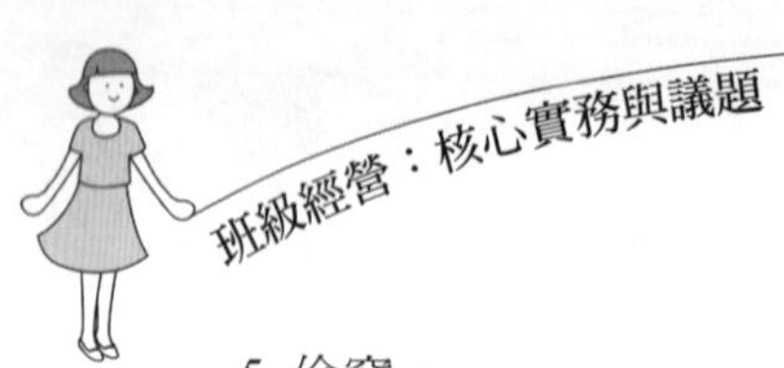

5. 偷竊。
6. 說謊。

二、學生不當行為產生的原因

歸納學生不當行為產生的原因，可分為以下四項：

(一) 教師

1. 人格特質

教師人格特質如果比較活潑、正向、積極，比較容易受到學生的喜愛，學生也比較願意聽從教師的話，自然不易產生不當行為。

2. 領導方式

教師領導方式如能視班級情境採權變式領導，將能因時因地制宜，學生自然不易產生不當行為。

3. 教學活動是否準備充分

教師如能充分準備教學，妥善規劃教學活動，上課內容豐富有趣，學生自然能夠投入於課堂活動，不當行為產生機率自然降低許多。

4. 身教與言教是否適當

教師如能展現良好的身教與言教，學生自然能視為楷模加以學習；反之，如教師展現不良行為表現（例如在學生面前抽菸），學生也會加以模仿，導致產生抽菸的不當行為。

(二) 學生

在學生的原因部分，學生的生理特質（如比較活潑好動，或具有生理上的問題）、無聊、想獲得注意、學業成就欠佳、個性脾氣及人際關係、生活習慣等，都可能是導致學生產生不當行為的成因。

(三) 環境

教室的物理環境，亦可能影響學生產生不當行為。例如教室通風不良，或過於悶熱，自然會影響到學生上課的專注程度，或因此產生上課不能專心的情形。

(四) 其他

家庭教育如不能發揮功能，很容易導致學生產生不當行為（如行為表現不佳、聯絡簿未簽名……）。其次，班級規模如果較大，教師很難面面俱到照顧到所有學生。再者，教材難易也是原因，如果教材過難，學生容易遭遇挫折，不易對學習產生動機；反之，如教材過於簡單，學生也不會有成就感，對於學習將興趣缺缺，上課即可能表現出不專注的情形。

三、學生不當行為的處理方法

(一) 不同教育心理學學派對學生不當行為歸因與因應策略

1. 行為主義

行為主義學派認為學生的不良行為是觀察學習得來的，面對學生不當行為，教師應透過行為改變技術，及適當運用各種技巧，增強學生優良行為，減少學生不當行為的出現。運用在班級經營上，教師應給予學生明確的班級常規與獎懲制度，深入探知學生不當行為的成因與背後的動機，適當的運用各種策略改正學生行為；例如正增強、負增強、消弱、楷模建立、獎勵、懲罰、代幣制等相關策略，以期維持順暢的學習活動。

2. 人本取向

人本取向學派認為學生的不當行為源自於不良的自我概念，而此不正確的自我概念影響了學生的學習行為。人本取向學派強調人具有內在自動自律精神，認為教師應避免過多的干預，而是扮演好促進者的角色，建立支持性的學習環境，引導學生在學習歷程中主動參與各項活動，鼓勵學生自我探索、自我發展、自我評鑑，以強化學習的成效。

除以上兩種取向之外，另外還有民主取向。此學派主張教師對於學生的不當行為，應了解預防之道並擬定有效的因應措施。教師應扮演好輔導者角色，秉持民主的態度，設立合理可行的生活規範，並且讓學生了解訂定班級常規的緣由，輔導學生討論並自行設立班規，借助班級自治幹部或同儕力量，讓學生樂於接受並遵守生活公約，以輔導學生從小適應團體生活。

(二) 改變學生行為的方法

面對學生的不當行為，教師可採取以下改變學生行為的方法（李仁宗，2011）：

1. 消除

學生不當行為發生後，若不能為自己帶來個人想要的後果（如引起教師或學生的注意），久而久之，此不當行為會逐漸減弱，直到最後消失不見。

2. 取消權利

又稱「反應代價」，是在兒童表現不當行為時，暫時剝奪他平日所喜歡的東西，或所享有的特權，藉以降低該行為的發生率。換句話說，取走他目前或將來的正增強物，充作他的壞行為的代價，如取消看電視時間、玩電動玩具機會，或罰款（代幣）等。

3. 暫停

當學生有不當行為時，將他從愉快有趣的環境中隔絕，斷絕其因不當行為所取得之增強物機會。

4. 嫌惡刺激

此技術是要使學生的身心感到不適、不安、不愉快，甚至是痛苦，常用方法有：過度矯正、饜足、責罵、責打。但教師在使用上必須特別謹慎，盡可能少用。

(1) 過度矯正

又可稱教育償還，是一種懲罰方式，要求違規兒童一再重複適當行為，藉以改進其不當行為，或彌補由於其不當行為所造成的環境毀損。

(2) 饜足法

又稱「負演習」，與正演習相對，是要求違規學生一遍又一遍的重複不當行為，直到他感到又「飽」又足，又倦又厭才停止。

5. 忽略

當學生的不當行為不足以影響團體學習時，老師可以不去注意，假裝沒看見這些行為。但此方法必須是在確認學生安全及權利受到保障情況下才能使用。

6. 暗示

亦稱為「警告」、「糾正」，可以是傳送事實的提示或線索，也可以是非口語的，其方式為使用肢體語言、身體移動、給予簡短的口語線索、私底下與學生討論問題。

(三) 正向管教

近年來，有關學生的管教與不當行為的處理，慢慢強調正向的管教。有鑑於體罰雖可以暫時壓抑兒童的不良行為或導致短暫的服從，但卻會帶來更多的副作用，例如：使學生學習到暴力或攻擊行為；破壞師生和諧關係，造成兒童的不安與恐懼。因此，教師在管教學生與處理學生不當行為時，必須避免使用體罰，盡量使用正向的管教方式。

正向心理學是正向管教的理論基礎之一，其最主要的重點有四（Peterson, 2000; Seligman, 2002）：

1. 樂觀進取

Seligman（2002）強調藉由樂觀作為建構美好人生強而有力的工具，可以幫助個人遠離憂鬱症，增進成就，促進健康，並帶給自己新的自我了解，其主要技巧在於改變具有摧毀力量的自我想法，建立積極進取的人生觀。他們認為樂觀有助於個人產生正向的經驗。樂觀包含有認知、情緒和動機的成分，樂觀的人有較好的心情，較高的挫折容忍力，並且身體也會較好。

2. 正向情緒

許多研究顯示負向情緒容易產生疾病，但卻很少提及正向情緒具有預防的效果，有助身心健康。

3. 正向意義

早期生命經驗中的正向意義對我們是一項難得的資源，有助於我們對未來的事物產生正向的意義。Nolen-Hoeksema 與 Davis

（2002）的研究發現，正向意義更有助於正向適應，因為從負面事件中找出正向意義可以減少失落感及無助感，了解生命的價值及目的，增進幸福感，並對事件重新評估，進而找到更合適的因應策略。

4. 內在動機

在教育心理學的流派中，行為學派著重外在酬賞，動機研究著重在動機的內在因素。目前國外大多數動機研究者，認為內、外在動機並非互斥，而是可以並存的，提出了統整內外在動機趨勢。

面對正向管教的趨勢，我國也有相對應的做法。2006 年是我國邁向「零體罰」里程碑的關鍵年，經立法院通過《教育基本法》第 8、15 條條文修正案，也就是零體罰條款後，我國成為全世界第 108 個禁止校園體罰的國家。《教育基本法》第 8 條：「學生之學習權、受教育權、身體自主權及人格發展權，國家應予保障，並使學生不受任何體罰，造成身心之侵害。」《教育基本法》第 15 條：「教師專業自主權及學生學習權、受教育權、身體自主權及人格發展權遭受學校或主管教育行政機關不當或違法之侵害時，政府應依法令提供當事人或法定代理人有效及公平救濟之管道。」

由上述條文可知，學生學習權、受教育權、身體自主權及人格發展權受到《教育基本法》明確的保障，教師即便對於學生愛之深，責之切，也不得再以任何理由施以體罰。而是應該積極充實管教與輔導相關知能，展現出正向積極的管教與輔導專業行為。

在正向管教的內涵方面，正向管教是指教師在以學生人權為基本前提外，基於輔導與管理學生的目的，對學生須強化或導正的行為，所實施的各種不利或有利的個別或集體處置（教育部，2007）。教師在管教時應了解學生偏差及不當行為的原因，以適才

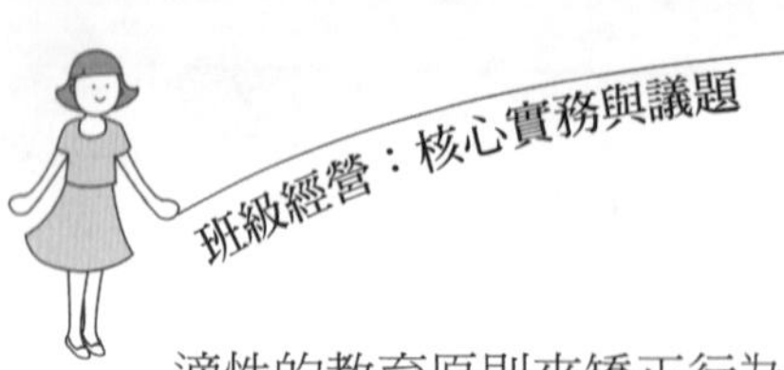

適性的教育原則來矯正行為，使其有積極正面的教化效能。

正向管教共包含四個層面：正面的鼓勵增強、明確合理的規範、穩定的情緒管理、完善的支持環境（賴進龍，2010）：

1. 正面的鼓勵增強

當學生有好的表現時，馬上予以鼓勵、讚美，可以建立起學生的自信，所以教師平時多使用正面性的鼓勵語言，有助於激勵學生的榮譽心，進而內化成自身的行為準則。尤其是平常表現不佳或缺乏自信的學生，教師應善用機會來鼓勵，讓每位學生都有體驗成功的經驗；當學生犯錯時，盡量避免使用羞辱、負面的管教方式讓學生難堪，試著尋求學生不當行為的原因，並在行為改善時立即鼓勵增強。

2. 明確合理的規範

教師的管教必須符合教育的原則，因此教師在管教學生時，必須先建立一套明確的規則，並清楚說明訂定的原因，讓學生了解不遵守規定會有哪些後果；另外，教師的要求也必須合理，隨時站在學生的立場來檢視自己的規定是否合情合理，學生才會心服口服。

3. 穩定的情緒管理

教師本身的一言一行，對學生有潛移默化的效果，教師有良好的自我情緒控制與管理，生氣時採用「我一訊息」（I-message）來表達情緒，不但能適當表達教師的感受，也可以點出學生行為所造成的影響。以良好的「身教」作為學生的學習榜樣，是教導學生情緒管理的最佳示範。

4. 完善的支持環境

良好的環境氣氛，有助於學生良好行為的培養，老師對每一位學生都能加以關懷並充滿期待，可以讓教室充滿愉快、溫馨的氣氛。除此之外，親師之間的聯繫也非常重要，有時學生的不當行為是從家庭衍生出來的問題，透過與家長的聯繫，可以更加了解學生的問題所在，也能讓家長清楚學生在校的行為表現。對於犯了重大過錯或處理不來的學生問題，教師可以尋求學校行政的支援。唯有透過教師、家長、學校三方的密切聯繫、合作，才能讓學生得到更多的照顧與關懷。

(四) 學生不當行為的預防與處理原則

在處理學生不當行為之前，必須先了解老師輔導管教的權威基礎。首先，從品德教育的角度而言，老師們必須認知，老師地位的本身，並未期保證可以「被尊重」，尊重必須靠自行與學生的互動中「贏得」，才是真正的尊重；其次，從人權教育的觀點而言，老師必須建立平等相互尊重的倫理觀，沒有任何人的人格地位是先天比別人高，不尊重人也不會被人尊重，包括老師本身亦不例外；最後，從法治教育而言，老師並沒有權力對學生施以身體或心理上的傷害，老師權力的運用仍受憲法及相關法律所限制，過去所謂「特別權力義務關係」的情形已不復存在，更不能逾越法律行使權力（林佳範，2008）。傅木龍（2008）指出「要培養什麼樣的人，就要用什麼樣的方式教導」。要培養出懂得尊重自己也能尊重別人、懂得自主管理也能自治自律的孩子，就必須善用民主、關懷、寬恕、包容、鼓勵等教育方式予以引導；反之，採用打罵、羞辱、責備等不當管教方式處罰孩子，不但無法有效導正孩子偏差行為，也不易讓孩子在錯誤中學習反省與改錯，甚至造成錯誤示範，導致孩子的偏差與扭曲的人格。以下針對處理學生不當行為的預防與處理原則加以說明。

1. 預防原則

(1) 隨時掌握班級情況

教師要能一心二用，猶如「背後長眼睛」，能夠同時處理多項事情，例如：在寫板書時，雖然背對學生，但聽到學生講話的聲音，無須回頭看即能辨別出是誰在說話而給予提醒。

(2) 使教學活動轉換進行順暢而自然

教學活動轉換時，常容易產生不當行為或出狀況，例如：體育課在老師講解完要開始進行活動時，學生可能過於興奮做出危險動作；或是實驗課，當老師說明完畢，準備進行實驗時，學生可能不慎打破實驗器材造成危險。為避免這些狀況，教師在轉換教學活動時，務必再三提醒，或請小老師、組長加以協助，使活動之間轉換順利。

(3) 掌握適當的進度

教師應掌握教學的適當進度，使全部學生都能跟上進度，有效達成教學目標，也能間接減少學生不當行為的產生。

(4) 注意全體的學生

教師要能掌握全局，即以全體學生為對象，不能僅注意到少數容易產生不當行為的學生，反而忽略其他學生。

2. 預防方法

學生不當行為的預防方法，有以下幾點（張新仁主編，1999）：

(1) 訂定班規。

(2) 表達教師期望。

(3) 審慎安排教學活動。

(4) 教師以身作則。

(5) 多與家長聯繫。

(6) 指導學生選擇良好的行為。

(7) 給予成功的經驗。

(8) 培養學生自我控制的能力。

(9) 了解學生的家庭背景與問題。

(10) 了解學生的身心發展。

(11) 培養學生合作團結的精神。

(12) 建立良好的師生關係。

(13) 加強導師責任制與輔導。

(14) 善用肢體語言。

(15) 盡快熟記學生姓名、特質。

(16) 安排適當的環境。

(17) 利用教室管理的潤滑劑：如說笑話。

在上述方法中，教師能否以身作則相當重要，這是因為國小學生年紀較小，模仿是學生最主要的學習方式之一，因此，教師最好的方法就是以身作則，教師要隨時隨地作為學生的表率，先示範期待孩童應表現出來的行為。

其次，教師也應多與家長聯繫，親師雙方共同合作，同時，教師也應了解家長對於學校或教師處理學生不當行為方式的看法。林莉娟（2011）研究嘉義市國小學生家長對教師處理學童不當行為策略的看法，研究結果有以下幾點值得教師參考：(1)教師採取糾正策略前，應先告知家長；(2)能有效改進學生不當行為的糾正策略，家長認同度最高；(3)家長認同「抄寫課文或語詞」的糾正策略；(4)家長認同教師沒收學生帶來的班級禁止攜帶物；(5)家長認同度最低的糾正策略是用各種方式取消學生下課的權利；(6)家長不認同教師以「扣減分數」的方式來處罰學生；(7)家長重視孩子心理上的輔導，更甚於處罰；(8)學歷愈高的家長，認同的處罰分量愈低。另外，因為社會變遷，家庭結構改變，家庭教育之功能不彰，導致學生問題不斷增加，部分家長平時疏於管教孩子，造成教師管教學生的難度提升。因此，教育行政主管機關與學校當局應積極推動家庭教育、親職教育計畫，或加強追蹤輔導單親、隔代教養家庭情形，減低學生發生行為偏差的機會，進而減緩教師管教上的壓力。

3. 處理措施

學生不當行為的處理措施，有以下幾點（張新仁主編，1999）：

(1) 保留孩子的自尊和顏面。

(2) 盡量採用私下糾正的方式。

(3) 了解孩子犯錯的原因。

(4) 釐清孩子不當行為的輕重。

(5) 交由孩子自己作決定。

(6) 對每個孩子都應平等對待。

(7) 不因一人犯錯而懲罰全班。

(8) 不因處理孩子行為而影響教學。

在上述處理措施中，教師應特別注意須顧及學生的自尊，並採取私下糾正的方式進行，所謂「揚善於公堂，規過於私室」即為此意。其次，教師應該了解學生為何犯錯，協助學生釐清各種不當行為的輕重性，並給予學生自我改善更新的機會。除了前述措施之外，教師尚可採取讓學生到別班「短暫遊學」的方式處理。教師可讓出現許多不當行為的學生，到同年級的他班短暫上課，學生因面臨不同的教師與同學，及陌生的環境，心理上較為拘束，也需要時間調適，因此，在行為上會比較收斂與自我約束，產生不當行為的機會將大為減少，等到學生行為較為改善之後再返回原班。此法使用的前提在於找到願意配合的他班導師，並事先徵得學生家長同意。

四、結語

面對日趨複雜的社會環境、家庭結構與學生行為問題，教師必須秉持精益求精的精神，強化自身輔導與管教相關知能，方能在顧及學生尊嚴、個別差異等前提下，採取最適當的輔導與管教方式，導正學生不當行為，養成學生自律的習慣。

其次，教師應時時謹記在心，每一個學生應該都是獨立的個體，不該齊頭式對待，應該注意個別差異，根據學生的個性與能力，彈性調整適切的管教方式。尤其學生偏差行為的產生，背後的原因可能很多，同樣的行為，背後的成因卻不盡相同，老師應耐心去了解這些原因，方能真正解決學生的問題。所謂：「人」對了，「事情」就對了！帶學生最重要的是要帶學生的「心」。

問題思考

一、上課鐘響後，如何讓學生迅速安靜下來？
二、如何處理學生上課吵鬧的問題？
三、教師應如何解決學生習慣遲交作業的問題？
四、如何處理學生偷竊行為？

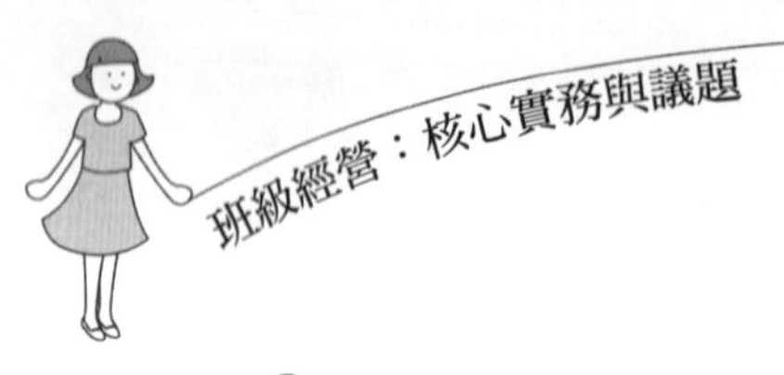

參考文獻

吳武典（1992）。偏差行為的診斷與輔導。**現代教育，25**，17-26。

李仁宗（2011）。**臺東縣國小教師對高年級學生不當行為管教方式與效果之研究**。國立臺東大學教育學系教育行政碩士在職專班碩士論文，未出版，臺東。

林佳範（2008）。講「理」不講「力」的輔導管教——淺論人權法治品德教育與「友善校園」的落實。**研習資訊，25**（1），3-8。

林莉娟（2011）。**國小學生家長對教師處理學童不當行為策略看法之研究**。國立中正大學犯罪防治學研究所碩士論文，未出版，嘉義。

張春興、林清山（1981）。**教育心理學**。臺北：東華書局。

張新仁（主編）（1999）。**班級經營——教室百寶箱**。臺北：五南。

張秀敏（2003）。學生行為管教的方法與策略。**國教天地，152**，8-19。

教育部（2007）。學校訂定輔導教師輔導與管教學生辦法注意事項。

傅木龍（2008）。教育新希望——校園禁止體罰之實踐。**研習資訊，25**（1），9-17。

賴進龍（2010）。**屏東縣國小教師正向管教知覺與班級經營關係之研究**。國立屏東教育大學教育行政研究所碩士論文，未出版，屏東。

簡紅珠、江麗莉（1997）。國小成功、不成功經驗教師與初任教師的班級管理認知與內隱信念之研究。**新竹師院學報，10**，411-447。

Nolen-Hoeksema, S., & Davis, C. G. (2002). Positive responses to loss: Perceiving benefits and growth. In C. R. Snyder & S. Lopez (Eds.), *Hand-*

book of positive psychology (pp. 598-607). New York: Oxford University Press.

Peterson, C. (2000). The Future of Optimism. *American Psychologist*, *55* (1), 44-45.

Seligman, M. E. P. (2002). Positive psychology, positive prevention, and positive therapy. In C. R. Snyder & S. J. Lopez (Eds.), *Handbook of positive psychology* (pp. 528-540). New York: Oxford University Press.

教室環境規劃與布置

學習目標

一、了解教室布置的目的與原則。

二、了解教室布置與規劃的範圍與項目。

三、能分析各種教室課桌椅排列方式的優缺點，並依據課堂需求安排學生座位。

一、前言

教室環境與學生行為的關係至為密切，教室是學生學校生活的重心，教室情境對學生的學習和行為之塑造，具有不可忽視的影響力。學生每天在校時間長達八小時以上，教室布置對學生的行為和學習有重要的影響，教室布置舒適得宜，可提高學生學習效果和效率。因此，教師必須透過巧思，規劃與布置適合學生學習的教室環境。

二、教室環境規劃與布置之目的

為提升校園生活品質，美化班級環境，以增進班級向心力、提高學生學習效率，有效發揮境教功能，有賴教師規劃與布置適宜的教室學習環境。教室環境規劃與布置之目的主要有以下幾點：

(一) 增加學習廣度與深度

透過各學習領域學習素材，及課外補充教材的布置，可延伸學習，強化學生學習的廣度與深度。

(二) 增進思考與欣賞機會

透過各種教師或學生作品的展示，可提供學生互相觀摩與欣賞的機會，促進同儕之間的交流與互動。

(三) 結合生活訊息與教育

教師可將日常生活上的各項生活資訊，例如節日慶典、一週各國大事、學校宣導事項……，公布於布告欄，可使學生對於日常生活發生的事情，有更深入的了解。

(四) 促進師生情感與互動

教師在規劃教室環境時，亦可設計促進親師生溝通的單元，例如師生溝通信箱，可以讓有話想對老師說，但又不善於表達的學生，透過書信向老師陳述；其次，教師亦可介紹每月的壽星，透過慶生活動，凝聚班級向心力。

三、教室環境規劃與布置之原則

(一) 整體性

整體性有兩種意涵，第一是訂定班級主題，由班級學生自行討論選定，一方面可以避免內容過於複雜，另一方面藉以展現各班班級的特色與精神。主題方面應以品德陶冶、勤學奮勉、感恩惜福為優先考量，以配合學校教育的目標，求培養班級榮譽心並收潛移默化之效果（如圖 2）。

整體性的第二項意涵，在於教室整體內外在環境都需做整體的規劃。教室布置除了教室前後的布告欄位之外，尚有許多地點需特別注意，如班級書庫與閱讀區的規劃；桌椅大小、座位的排列；黑板兩側、門口、走廊、盆栽；教室電腦與網路線的設置；展示物、公布物、門窗的布置與清潔；抹布、掃把等掃具的排放等，都需由

圖 2 教室布置具有整體性

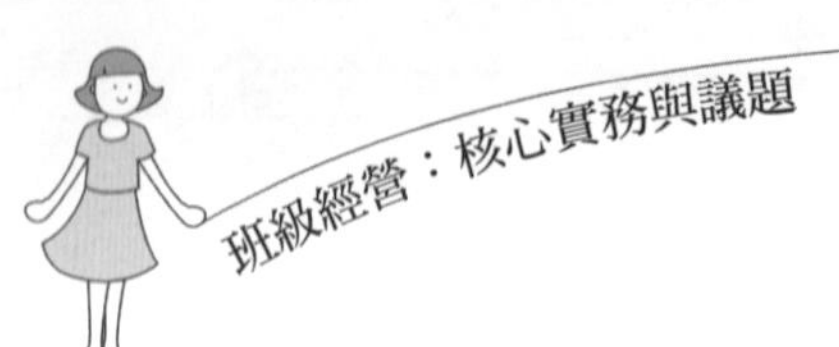

教師做整體的規劃，方可使教室規劃除具有主題之外，更具有整體性。

(二) 需要性

教室環境規劃與布置須顧及教育的需求及學生的需求，例如近年來國中小學推動品德教育，教師在布置教室時，即可布置靜思語（如圖 3、圖 4），透過靜思語教學，達到改善學生氣質之潛移默化功能。茲舉可運用在小學的相關靜思語，臚列如下：

1. 對父母要知恩、感恩、報恩。
2. 話多不如話少，話少不如話好。
3. 口說一句好話，如口出蓮花；口說一句壞話，如口出毒蛇。
4. 發脾氣是短暫的發瘋。
5. 生氣，就是拿別人的過錯來懲罰自己。
6. 屋寬不如心寬。
7. 能善用時間的人，必能掌握自己的方向。
8. 改變自己是自救，影響別人是救人。

圖 3 靜思語標語(1)

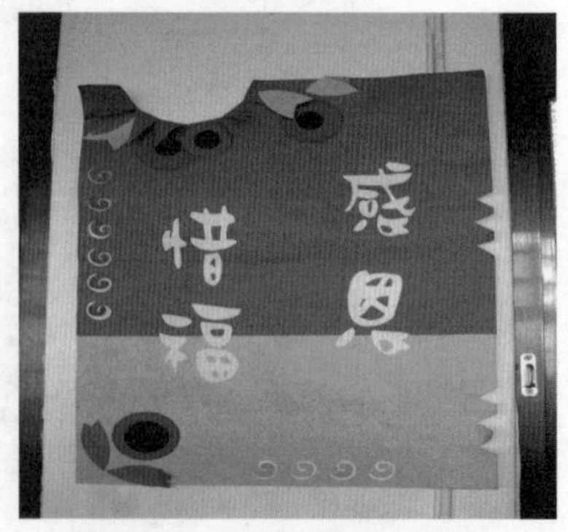

圖 4 靜思語標語(2)

9. 我們要做好社會的環保，也要做好內心的環保。
10. 小事不做，大事難成。

(三) 教育性

教育目標的達成，除有賴教師的身教與言教之外，境教與制教也是關鍵，因此教室布置應考量到境教之功能，布置富有教育意味的教室，減少傳統口號性、教條性的標語，代之以生動、活潑化的淺易語句，有利於教室整體氣氛的提升（如圖 5）。

其次，在進行教室布置時，教育性尚有很重要的一項原則即是：與課程相關的教育素材應該多一些；教室布置是境教的一部分，對孩子的影響是潛移默化、教育於無形的，因此其內容舉凡生活知識、品德培養、天文、地理等均可以包羅。同時，也可與生活教育結合，如環保議題、交通安全、環境衛生等等。

圖 5 教育性——張貼「部首索引」供學生學習

(四) 合作性

教室布置的活動最好由師生共同一起設計製作，請小朋友參與其中的製作，其目的在於提高學生的向心力與參與感，讓小朋友體認到自己是其中的一份子。師生共同合作進行教室的規劃與布置，具有以下優點：

1. 如果是高年級的班級，因學生年齡較大，對於教室布置也比較有概念與自己的想法，因此，主角可以由學生擔任，教師從旁輔助即可，如此，學生和老師可建立互信的橋樑，關係會更加密切。
2. 在進行的過程中，學生難免會遭遇到若干挫折，但在布置的過程中，同學可以從做中學，並體認到如何克服困難、如何整合不同的意見、如何從失敗中再站起來，這些都是從課本中不易學到的經驗。
3. 教師在教室布置時，如果能讓學生參與提供意見、分組設計、蒐集資料、張貼布置，如此一來，不但師生有相互交流的機會，激盪他們的創意，還可以增強學生的實作能力。此外，師生共同合作、同學之間彼此學習，學生也會更加珍惜布置的成果。
4. 一個好的教室布置，會讓學生與有榮焉，甚至有歸屬感，因此，在教室布置方面，老師宜站在指導的立場，提供原則上的建議，其餘的都由學生自己來思考規劃。換言之，教師與學生共同規劃，學生參與愈多，成就感愈高，教師的工作量也就相對的減輕。

(五) 創新性

創新性有兩種意涵：第一，教室布置必須具有創意，也就是有不同的巧思，能展現班級的特色（如圖 6）。第二，教室布置的設計應提供學生發揮創意的空間。創造力的培養是國民教育的目標之一，必須在學校生活中加以落實，因此教室中必須保留一塊可供學生自由揮灑的角落或空間，如設置塗鴉區，放置小白板或小黑板在教室後面，讓學生任意彩繪圖案；如心得感想區，讓學生把當天所學的心得與感想寫出來和同學分享。

圖 6 創新性——教師利用黑板下的空間進行學生作品展示

(六) 安全性

教室布置必須考量到學生的安全，特別需要留意以下幾點：

1. 陳列物品必須注意其安全性，如布置物品一定要釘牢，以避免掉落；教室中如要懸掛一些圖畫，必須測試底座是否牢固，以免因風吹動或地震掉落，傷及同學。
2. 有毒性或危險性高的物品應該避免陳列，如果一定有必要陳列出來，必須特別加上註明，以策安全。其次，部分課程，如上化學課時，一些具有腐蝕性的化學藥品（如硝酸、鹽酸等）應標示清楚，以免同學誤碰。
3. 有些教師會將花瓶或是花盆布置在教室中，放置的時候必須要注意，以免掉落時傷害到學生，特別是常見將盆栽放在圍牆上，一旦掉落將會傷及樓下路過的學生，應極力避免。
4. 教室布置常用大頭針、圖釘等用品，但是這些東西常常會掉落至地面，為避免學生被刺傷，教師應派值日生每日檢查地面。其次，教室內外應避免有尖銳的角落或凸出物（如桌角、牆角），如有，應包覆海綿或泡棉，避免學生撞擊受傷。

(七) 色彩協調性

教室布置所選用的色彩建議以柔和色系或淡色系為主，避免太過暗沉，或太過於鮮豔，因為暗沉的顏色會使整個教室呈現出死氣沉沉的感覺，而太鮮豔的顏色則會使學生心浮氣躁，也會影響師生上課的情緒。因此，教室布置的造形設計以及色彩的選擇應力求協調、柔和，給予師生舒適、愉悅、溫暖的感覺。另外，教室布置各區宜以同色系的顏色來做布置，避免各區或角落顏色落差過大產生不協調之感。

(八) 經濟性

教室布置由於要經常更換，所需材料和經費應考量經濟性，可以廢物或社區資源進行再利用，減少成品購置，以達經濟實用之效果。如有未用完之壁報紙、文具和圖畫紙等，可收藏留待下次再使用。其次，有些標語或標題，因可重複使用，建議可加以護貝，以保持美觀整潔。

(九) 可替換性

教室布置的東西若能移動或相互襯托，可增加多樣性，因此，除了配合學校的活動外，配合上課內容替換不同布置，利用較易變換拆替的材料來做布置，可以隨時彈性變動替換教室布置的內容。例如學生的作品、標語，以及剪報的資料……，最好可以在不損及布置的前提之下做定期更換，如此，時常展出學生的作品，讓學生能有機會看到大家的作品，給予學生交流觀摩的機會。其次，教室柱子張貼或懸掛標語、圖畫作品等，以能方便安裝及拆卸為原則；另外，應避免使用透明膠帶或雙面膠黏貼牆壁，以免留下膠帶黏漬。

(十) 環保性

為求環境教育的普及與深化，促進國民了解個人及社會與環境的相互依存關係，增進全民環境責任與倫理，讓社會朝永續的方向發展，我國《環境教育法》已於 2010 年 6 月 5 日公布，並於 2011 年 6 月 5 日世界環境日開始施行（行政院環境保護署，2010），使我國成為第六個將環境教育立法的國家，這項作為展現了我國政府

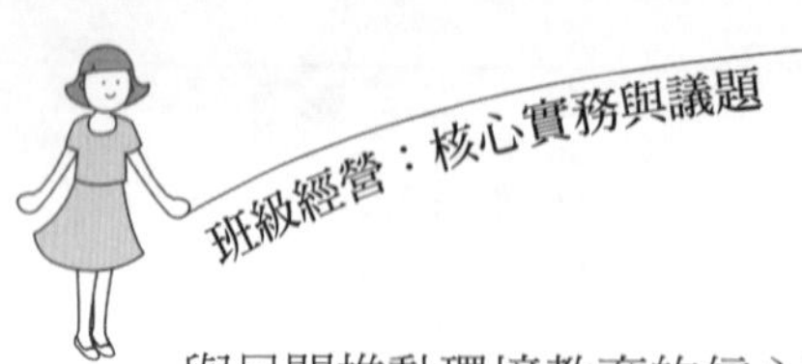

與民間推動環境教育的信心與決心。在學校教育方面，也積極在推動環境教育，例如，九年一貫課程將七大議題之一的環境教育融入各學習領域中。

考量到環境保護的趨勢，教師在布置教室時，也應響應環保，利用再回收資源（如保特瓶、鋁罐等）發揮創意，並禁用保麗龍板等非環保產品作為素材。教室布置並非一定要花大錢，事實上許多資源都是唾手可得的，甚至可以廢物利用，因此，教師可進行機會教育，安排同學分組收集保特瓶或廢紙等來進行裝飾，既可發揮創意，又可兼顧環保，一舉數得。另外，教室布置除美化外，亦需包含空間綠化，師生可用盆景裝飾或利用替代物做創意設計，可使教室生意盎然、生機勃勃。

四、教室布置的範圍

(一) 教室布置的範圍

教室布置的範圍主要有以下四項：

1. 基本設備。
2. 座位安排。
3. 情境布置（如圖 7、圖 8）。
4. 教學資源規劃。

圖7 情境布置——配合生活教育，推動禮貌運動

圖8 情境布置——爬格子，班級各組獎勵競賽

除上述之外，教師亦可在教室內安排一些學習角落，以美化環境，營造學習氣氛，增進同學的情誼，例如：閱讀角（如圖9）、

遊戲角、模範角、創造思考角、開心角、分享角、各學習領域學習角……。

圖 9 閱讀角——教師利用教室後方布置閱讀角，供學生使用

(二) 教室布置專欄

1. 公布欄（如圖 10）。
2. 學生作品欄。
3. 優良文章欣賞欄。
4. 各學習領域／科單元布置（如圖 11）。
5. 榮譽榜。
6. 環保教育欄。
7. 節日專欄。
8. 老師的話。
9. 本月壽星。

圖 10 公布欄

圖 11 各學習領域單元布置

(三) 教室空間的有效利用

除了角落可規劃為各類學習角外，剩餘空間在動線流暢的原則下，可就下列物品做靈活設計：

1. 置物櫃。
2. 教具箱。
3. 電腦、錄音機（要考慮線路問題，並避免日曬或潮濕問題）。
4. 蒸飯箱（以方便為原則）。
5. 清潔用具（整齊，不妨礙觀瞻）。

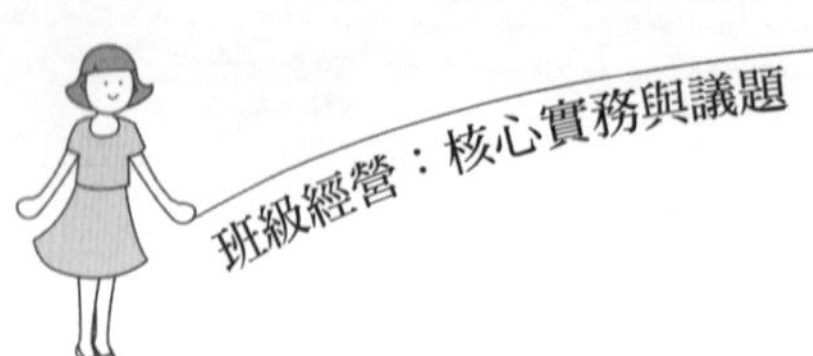

6. 時鐘和日曆。
7. 資源回收箱（進行分類）。

(四) 教室外的布置

除了教室內，教師也可突破空間限制，進行教室外的布置，將教室布置延伸至走廊，結合班群做資源上的共享和情境布置（如圖12）。例如綠化走廊，走廊兩側擺放綠色盆栽或花卉來綠化走廊。其次，也可美化走廊，教師將學生所熟悉之物品加以造形設計，或將學生美勞作品輪流展示，可吸引各班學生注意力，達到布置的效果。

圖 12 教室外的布置——利用教室轉角處樑柱進行布置

(五) 學生座位的安排

在開學之初最好按照傳統的座位編排方式，如此學生上課比較容易專心，教師也比較能夠掌控班級的秩序，等到全班常規上軌道後，再變換座位的形式。

教師在安排學生座位時，應注意以下要點：

1. 桌椅高度和學生身高要配合。
2. 座位排定後，畫一張座位表貼在講桌上，以利快速認識學生。
3. 座位排定一、二週後，若發現部分學生不適合坐在一起，應立即調整座位。
4. 對於學習落後、注意力不專注的學生，盡可能安排坐在前面的位置，以方便教師就近督促與輔導。
5. 學生座位的安排應考慮學生走動的方便，及空間的安排。
6. 多準備一、兩組桌椅，供轉學生轉入時使用。
7. 每隔一段時間（如一星期）要換座位。

補充　學習共同體教室座位安排

東京大學教育界大師佐藤学在日本推動「學習共同體」（learning community）革命，主張上課桌椅形式改為ㄇ字形，強調水平對話式的師生關係。「學習共同體」教育改革的大方向之一，就是建立班級孩子的學習圈。首先，改變班級孩子的座位方式。由一排排面對教師的座位方式，改為「ㄇ」字形的座位，方便孩子隨時互相討論，進行小組學習。上課當中，教師先引導學生思考，帶出學習問題；再透過小組討論，了解學生思考方向，並不時請學生將小組的思考心得與全班分享。一方面訓練孩子清楚表達自己的意見，另一方面讓孩子的思考更深入、廣泛（黃郁倫，2012）。

以下簡介ㄇ字型教室和男女混合四人小組的安排原理與方式。

1.ㄇ字型教室

學習共同體重視聆聽與對話，學生必須學習與外界事物、同儕或教師、自己內在等三個取向的對話，透過對話、操作與思考來理解所學習的內容；而教師角色由單純講授轉至主動引導，由上下關係變成平等對話。座位安排上由面對黑板改為ㄇ形排列，並能快速轉換為四人分組討論，形成一種相互學習與相互感謝的教室氛圍，對學生學習由被動接受轉化成主動參與，有重要的影響。

為了推展「學習共同體」，首先翻轉改變學生座位安排，將以往「排排坐」改成ㄇ字形，讓每個學生都能和老師面對面，增加學生間的互動討論，縮短師生距離。由於ㄇ字形座位安排（如圖13），有家長認為學生容易脖子痠，校方也選擇一班改成「V」字型排列。不過，ㄇ字型的座位排列是此模式的主要做法之一，因為如果是原來型的教室，教師（如圖 13 中 A 的位置）通常是背對黑板站立著教學，只能一對一的教學，但是如果是ㄇ字型時，教師坐在ㄇ字型的開口部分（如 B 的位置），就會讓學生感覺是以同樣立場參與他們的學習。老師可以走向聲音比較小的學生位置對話（如 C 的位置），也可以離開學生視野外面（如 D 的位置），讓學生可以自由的交談學習（佐藤学，2012）。

2. 男女混合四人小組

在學習共同體中看到課堂風景的改變，從「上對下講授教學」轉換到「平行式的協同學習」。我們所熟知傳統的課堂裡，課桌椅面向黑板和講臺排列，跟著教科書的章節進度，黑板、板擦和粉筆飛舞或者單槍投影機和PPT，講、抄、考三部曲或者教師問、學生答；學習共同體的課堂裡少見黑板、板擦和粉筆的使用，佐藤学教授更認為，教師的板書比例將逐漸減少、課桌椅擺置改變隨時可從

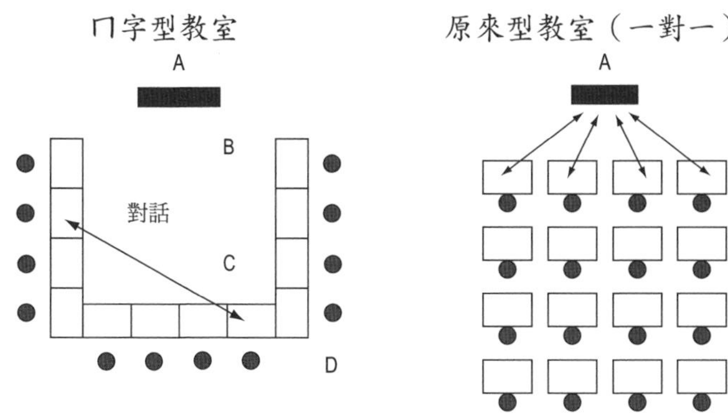

圖 13 教室座位安排

資料來源：佐藤学（2012：19）。

面對面改為四人一組使用（如圖 14）。如果是中間的圖型，男女沒有交叉對坐，則容易造成女生對女生，男生對男生交談，而如果是男女交叉對坐，則互相學習交談的作用才能顯現；如果是六個人一組（如圖 14 最右圖），則對話容易受到疏遠，或容易放棄，有些學生就不參與學習了（佐藤学，2012）。

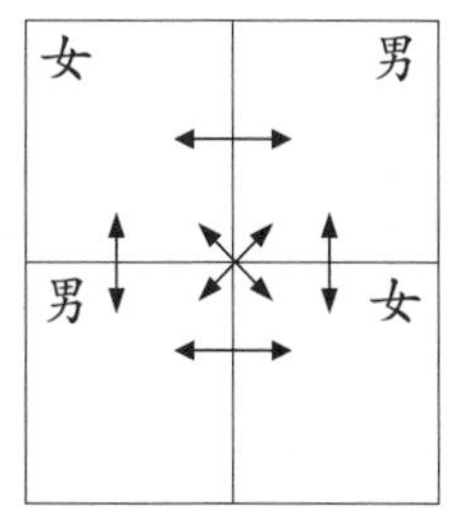

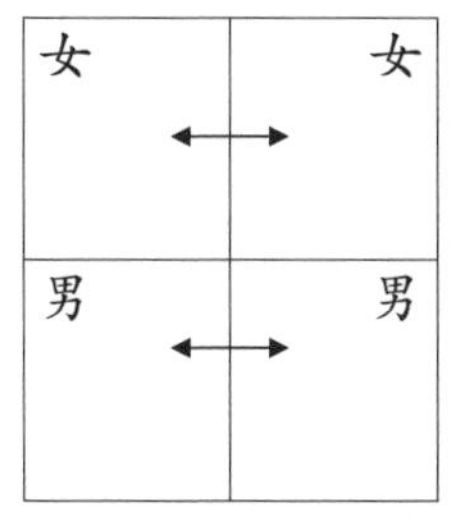

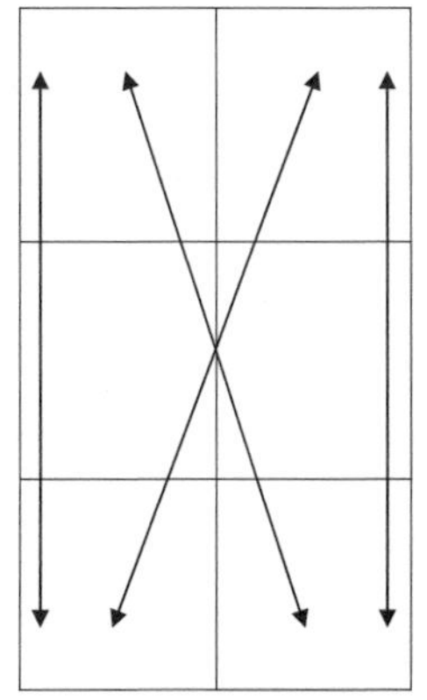

圖 14 課桌椅擺置圖

資料來源：佐藤学（2012：21）。

問題思考

一、教室布置應考慮創新性的原則，教師可發揮哪些創意，以達成創新的原則，並展現班級特色？

二、各科科任教師應如何進行教室布置？與級任教師相較，科任教師在布置教室時，有哪些需要特別留意的事項？

參考文獻

行政院環境保護署（2010）。**環境教育法**。2011 年 2 月 12 日，取自 http: //ivy5.epa.gov.tw/epalaw/index.aspx

黃郁倫（2012）。十二年國教的下一步：學習共同體的革命。**親子天下**，2013 年 4 月 22 日，取自 http: //www.parenting.com.tw/article/article.action? id=5020896

佐藤学（2012）。学びの共同体式「どの子も伸ばす授業」の作り方。**総合教育技術**。9 月号，14-27。

營造良好的班級氣氛

學習目標

一、了解班級氣氛的意涵。

二、能指出影響班級氣氛的因素。

三、能營造良好的班級氣氛。

一、班級氣氛的意涵

關於班級氣氛的意涵，學者提出許多見解。張春興與林清山（1981）認為，所謂班級氣氛有廣、狹二種意義。狹義的班級氣氛是指教師領導方式不同造成的情緒氣氛，廣義的班級氣氛則包括班級裡師生交互作用和班級中同儕關係所形成的情緒氣氛。朱文雄（1989）認為，班級氣氛就是指班級中各種成員的共同心理特質或傾向；它是師生及教學的社會、心理及物理環境互動的結果。吳清山、李錫津、劉緬懷、莊貞銀與盧美貴（1990）認為班級氣氛是班級中各成員間的相互影響，久而久之，自然形成一種獨特的氣氛，影響著每一個成員的思想、觀念和行為模式，這種班級中各個成員的共同心理特質或傾向，即是班級氣氛。陳奎憙、高強華與張鐸嚴（1995）認為班級氣氛是指班級團體中，各成員的共同心理特質或傾向，各成員之間交互作用而產生。由於成員間的價值、態度、期望與行為交互影響，經過一段時日之後，自然形成一種獨特的氣氛，瀰漫在整個班級之中；它會影響班級學生的思想、觀念與行為，也影響班級中的學習效果。Anderson（1970）認為班級氣氛是師生和各成員間交互作用產生共同、持久的心理特質，教室內的交互作用包括了：(1)學生間的關係；(2)學生與教師的關係；(3)學生與課程的關係；(4)學生對班級結構的知覺。這些因素綜合決定了班級氣氛。

從上述學者的定義中，可以得知因教師領導方式的不同，及師生交互作用和同儕關係所形成的獨特情緒氣氛，此種氣氛的重要性在於它會影響班級每一個成員的態度、動機與行為規範，也影響學生的學習效果。

二、班級氣氛研究取向

班級氣氛研究的發展可分為四個時期，以下分別說明（鍾紅柱，1983）。

(一) 第一期：教師領導行為的實驗研究

Lewin、Lippitt 及 White 在 1939 年以實驗的方式探討三種領導類型角色行為，與在不同領導類型下的氣氛。這一期假定教師的行為決定學生的行為，因此班級氣氛的主要締造者是教師，著重在教師領導行為的探討。

不過，本期理論假定的問題在於，把教室活動視為教師行為影響學生行為的單向模式，有過度簡化班級氣氛的性質。

(二) 第二期：師生口語行為分析的觀察研究

1960 年代後，將注意力集中於教師口語行為的分析及師生互動關係上，此時不僅發展出測量班級氣氛的指標，同時還發展出分析師生口語行為互動的技術——Flanders交互作用分析系統（Flanders' Interaction Analysis System）。從 Flanders 的研究可知，教室內師生口語行為的互動情形，影響了教室中的氣氛，而教師在教學情境中的教學行為，對學生的學習態度與學習效果，有重大的影響。

本期研究的問題在於如果僅注重師生的互動，而忽略課程、同儕等因素對班級氣氛的影響，無法涵蓋所有層面。

(三) 第三期：學生對學習環境的知覺研究

本期研究重點在於強調知覺測量乃基於學生的經驗，強調測量學生對教室環境的知覺，而非僅分析教室中口語行為交互作用。從此期開始，班級氣氛的研究進入多面向進行，不再侷限於人的層面，而是擴大到人對物理環境層面的知覺觀察；不再只是單方面僅從學生或教師蒐集資料，而是進入多元方式，如利用問卷、訪談等，在解釋上較能涵蓋更為廣泛的因素考量。

(四) 第四期：班級氣氛多種知覺來源的調查研究

班級氣氛多種知覺來源的調查研究對學習環境知覺的樣本若只

限於學生，在解釋上不能涵蓋較廣的影響因素。Barclay 編製的《班級氣氛測驗》（Barclay Classroom Climate Inventory, BCCI）與 Fraser 編製的《個別化教室環境問卷》（Individualized Classroom Environment Questionnaire, ICEQ）改以多種知覺來源蒐集多種資料，以進行統計分析。

三、影響班級氣氛的因素

影響班級氣氛之因素很多，主要有教師因素、學生因素、師生關係因素、情境因素，分述如下。

(一) 教師因素

教師因素又可分為：教師的個人特質、教師的領導風格，及教師期望。

1. 教師的個人特質

教師的人格特質、性別、教學態度、學歷、年資、身心健康、工作滿意度，對班級中的師生關係皆會產生影響。

2. 教師的領導風格

不同類型的教師其班級氣氛亦不相同，換言之，教師的領導行為會產生不同的班級團體氣氛。在領導學中，一般將領導方式分為民主型、權威型、放任型三種。

(1) 民主型

採取民主型領導的教師，在班級事務上，能以民主方式決定班級事務，盡量給予班級每個學生參與的機會。其次，在教學上，教師教學時，鼓勵學生踴躍發問或提意見，並能依據提供的意見，修正調整自己的教學方式。此類型教師在班級經營上採取支持性策略，重視學生的個別差異與興趣，並能關心學生的個別需要。教師以民主方式領導，班級學生氣氛佳，能夠展現出互相友愛的團隊精神。

(2) 權威型

採取權威型領導的教師，在班級事務上，較強調權力的使用，重視秩序與規律，要求學生絕對遵守其規定。其次，在教學上，權威型領導的教師強調「教師講，學生聽」，由教師傳遞知識給學生，學生的學習較為被動，教師也不喜歡學生多表示意見。在這樣的班級裡，班級成員之間的互動冷漠，疏離感也較重，班級成員間多以自我為中心，彼此缺乏合作，學生表現出的自律行為也較低。

(3) 放任型

採取放任型領導的教師，在班級事務上不重視教室秩序，對學生亦無甚要求，任由學生活動，教師均不過問，教室紀律鬆弛。其次，在教學上，缺乏對團體教學目標及個人學習目標的了解。在這樣的班級裡，班級成員在缺乏教師有效能的領導之下，學生表現出的凝聚力與工作效率都相當不理想。

3. 教師期望

教師積極的期望對學生有正向的影響，但另一方面，教師過高或過低的期望皆會對學生造成不利的影響。教師期望過高，將容易導致學生不易達成教師的要求，或因教師求好心切，導致師生之間關係較為緊張；而另一方面，教師期望如較低，學生很輕易就達成教師的期望或要求，對於學生而言，不易產生成就感。

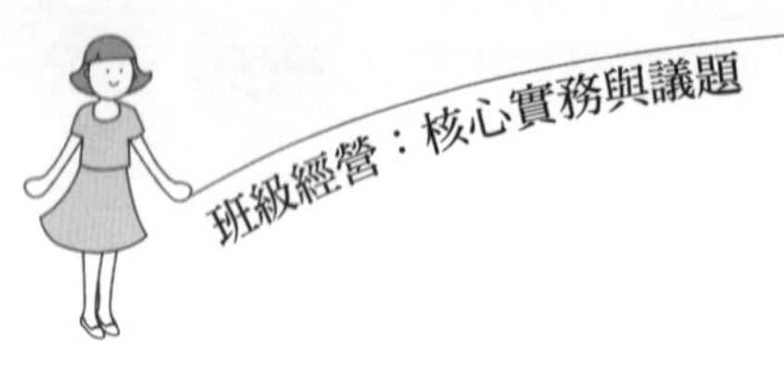

(二) 學生因素

學生因素又可分為：學生的個人特質、學生的家庭因素、學生的同儕關係，及學生次級文化。

1. 學生的個人特質

學生的性別、智力、能力、年齡、學習動機、學業表現、外表等特質，都可能會影響師生之間與同儕之間的互動。

2. 學生的家庭因素

學生的家庭教育、家庭背景、父母社經地位、家長期望、家庭結構（如大家庭、核心家庭）等家庭特質，也都可能會影響師生之間與同儕之間的互動。

3. 學生的同儕關係

學生之間的同儕團體可以影響班級氣氛的良窳，例如同儕之間的互動模式、同學之間的溝通方式等，都對班級氣氛有影響。

4. 學生次級文化

「學生次級文化」指的是學生經過一段長時間的相處互動，逐漸產生一種相互了解接受的規範、價值觀念與態度，此種具有獨特性質的學生價值及行為。

學生的次級文化，是屬於他們自己的一套思想、行為及規範，也是學生彼此之間相互認同及學習仿效的參照標準，對於學生之間的行為有相當大的影響力，對於班級氣氛也會造成影響。

(三) 師生關係因素

師生關係是一種動態關係，也是教師與學生之間交互流動的關係。師生之間如能維持密切且良好的師生關係，將有助於學生對班級和學校的向心力以及凝聚力。

(四) 情境因素

情境因素又可分為：班級規範、學校組織文化，及學校物理情境。

1. 班級規範

班級規範是用來約束學生不良行為，希望學生能表現出合宜的行為。班級規範的產生最好能經由民主程序，由師生共同討論、決議並遵守，如此，師生之間彼此互敬互重，將能營造出良好的班級氣氛。

2. 學校組織文化

學校組織文化是學校經營長期形成的制度與非制度之文化，包含制度規章、傳統、人造器物等等，其對學校中之師生思想、行為與態度，皆會產生潛移默化之影響，進而也會影響班級的氣氛。

3. 學校物理情境

包含學校所屬學區或社區、學校建築、校園大小、教室的空間安排、動線規劃、設備資源等。學校如能提供給師生光線充足、環境幽靜、教學資源與設備充足完善的教育環境，將能發展出良好的校園文化與班級學習氣氛。

四、營造良好班級氣氛的策略

良好的班級氣氛應重視建立融洽的師生關係、雙向的師生溝通、合作的同儕、良好的學習風氣，以激勵學生的學習情緒。以下說明教師如何營造良好的班級氣氛。

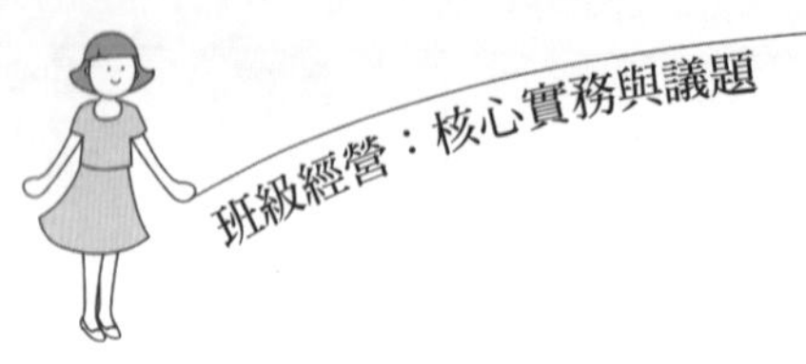

(一) 給予學生適度的期望

從畢馬龍效應（Pygmalion effect）可以得知，期望的高低會影響結果的高低、好壞；這種效應會顯現在教師對於學生的期望上，學生永遠朝老師期望的方向走。如果老師對學生展現高度的期望，會使學生表現出高度的才能，反之亦然。因此，教師必須善用此種期望的效應，也就是教師期望會影響學生表現。在班級經營上，多數的教師都會明顯感受到：「只要對學生有信心，學生的表現往往出乎教師意料之外的好！」教師必須展現對於學生適度的期望，亦即教師對學生展現高度的肯定、期望高，且能了解學生、信任學生、尊重學生，則師生之間的關係必然融洽，班級氣氛也會相當良好。

(二) 教師採權變式領導

權變領導理論（contingency theory）的主要論點認為，領導方式須與領導情境相配合，才能產生良好的效果。換言之，領導情境是動態的，領導者應時時留意其變化，做必要之調整，以獲得良好的領導效果。從權變領導理論可以得知，世界上沒有一種通用的領導方式，也就是沒有一種可以放諸四海而皆準的領導模式。

一般而言，習慣將領導方式分為民主型、權威型、放任型三種。以民主型、權威型兩種領導方式而言，並沒有所謂的好或不好的領導方式，端視領導情境而定。如果學生心智尚未成熟，或是班級常規尚未步上軌道，教師仍使用民主的領導方式，易使學生不遵守班級常規，而造成學習效果的不彰，及產生不良行為；反之，教師如採權威的領導方式，面對新世代的學生，容易造成師生之間的隔閡，甚或發生師生衝突。

在班級經營上，教師必須因應各種情境（如：學生年級、家長社經背景、程度……）的不同，做領導方式上的調整。教師應將各種領導方式交互運用，採取權變式的領導，施行賞罰分明的常規制度，贏得學生的信服，塑造良好的班級氣氛。

(三) 搭起師、親、生溝通的橋樑

教師可積極設立各種管道，促進師生之間的溝通。例如教師考量到有些學生較不善言辭，或是有些內心的話想要私下告訴老師，因此，教師就可以設立「心橋信箱」（名稱可自訂），讓學生能夠透過書信表達心聲，並針對學生面臨的問題隨時加以輔導。其次，在強化親師的溝通方面，教師也可以定期打電話與家長聯絡，例如每週打電話聯絡學生的家長，告知其子女在校的優良事蹟，並請加以表揚鼓勵。

透過這些方法的運用，無形之中可以強化教師、學生以及家長之間情誼的聯繫，更可以凝聚班級的向心力。

(四) 培養幽默感

絕大多數的學生都喜歡具有幽默感的教師，因此，教師在課堂上，如果能適度展現幽默，例如講笑話、說些生活上的趣事，將可使班級具有歡樂氣氛，也可使班級氣氛更加和諧與融洽。

(五) 輔導學生自我評價、自我肯定、自我超越

教育的目的之一在使學生能自我認同，對自己有正向的概念，為達成此項目標，教師在班級經營時，應使學生有自我決定的機

會，讓學生對自己的學習或生活的目標作選擇，可行的方法如：鼓勵學生為自我言行負責、讓學生有機會對自我的學習設定目標、讓學生討論決定班規、透過各種學習進行自我評價等。

(六) 滿足學生自尊自重的需求

教師應善用積極的回饋，協助學生建立自我評價，並且學習對自己有更正確之描述。可行的方法如：提供正面積極回饋、適時讚揚與鼓勵學生、協助學生達成所設定較高之期望水準等。

(七) 營造班級具有家的氣氛

教師可讓學生透過討論，選取一個他們最喜愛的家族名稱以及logo，例如「棒寶貝家族」、「神龍家族」等等，以此製作家族專屬的卡片、家族服、家族章等。如此做法，透過讓班級名稱更貼近學生的生活，可提高學生對班級的向心力。

(八) 維繫班級成員親密和諧關係

教師可透過各種做法，增進學生間的友誼，使其能互相支持協助。可行的方法如：召開班級會議，討論班級事務相關議題、將班級經營成家庭般的環境、主動表達關心學生、利用小組學習或合作學習的活動，增進同儕之間的互動等。

五、營造良好班級氣氛之實例

有關營造良好班級氣氛之實例相當多，以下列舉幾種較常用的方法。

(一) 社交測量

社交測量是輔導上的重要工具之一，其目的在於調整或改善教育場所的班級生活，透過一個團體中各個份子被其他份子提名的次數之測量，可用來了解團體中同儕團體的組成及領導者，作為班級經營的參考。

社交測量測驗的實施，在國小低年級可用個別晤談方式為之，中、高年級則以一個班級為單位實施，請同學填寫喜愛、排斥的人名（各為五名以內），但不必強求，讓他們能夠自由的填寫，並寫出喜愛、排斥的理由，如果沒有理由，可填寫「沒有理由」。

教師將收回來的問卷，透過電腦的統計分析，就可以清楚的看出每個學生的社交地位和人格特質。一個有效能的導師，必須能掌握學生的動向，對班級中特殊的學生給予較多的關懷，將使班級氣氛更融洽。

(二) 小天使與小主人

這個遊戲的玩法在於每個人都會擔任某一位夥伴的小天使，當然，自己也會成為其他夥伴的小主人。小天使的任務就是要在不被發現身分的情況下，於生活中關心小主人。遊戲方法為每人以抽籤方式決定一位小主人，告知學生不可讓對方知道你是他（她）的小天使，如果讓小主人發現的小天使就算失敗。

教師向學生宣布，為了不讓人發現，從今天起要對全班每一個人一樣好，且要利用小主人不在時給予關懷（例如暗中給予幫助）。為期一段時間，遊戲結束後召開「認親大會」，大會之前小天使要寫紙條給小主人提示，如：「我明天會夾紅色髮夾」，而小主人為答謝小天使，可準備一份小禮物給小天使。這項活動相當有趣，可促進同學間彼此互相認識，也因為可以關心同學、和同學互動，而增進彼此之間的友誼。

(三) 新同學轉入

學期中，如有新同學轉入班級，教師可透過以下過程，協助新同學盡速適應新環境，感受班級同學以及老師的歡迎之意。

1. 展現老師的熱情，真心接納每位學生的加入，不因學生有「前科」（如課業不佳、行為偏差……）而拒收。
2. 展現同學的善意，如歡迎致詞、握手、問好等等。
3. 安排小組「導覽」校園各單位，協助新同學認識與了解。
4. 檢視新學生之物件表冊是否齊全， 如教科書、簿本、制服、學籍資料……。
5. 通知科任老師、其他學生家長，班級有新同學加入。
6. 處理好轉入手續（包含學籍紀錄簿、輔導紀錄簿）。
7. 和轉入學生家長保持密切聯繫。

(四) 優點大轟炸

可採團體輔導方式，發給每位小朋友白紙一張，請小朋友逐條寫出班級中某位同學姓名及其優點（專長、興趣等）；或在學生生日舉辦慶生會時，請壽星上臺，臺下同學針對壽星的優點、值得學習的地方等項目來進行轟炸，讓老師了解學生的各方面優點，而不是只有看單方面的缺點。

此項活動的最主要目的在於使學生能從過程中發覺班上同學的優點，培養學生放大別人優點、縮小別人缺點的價值觀；另外，也可由活動中了解別人眼中的自我，更認識自己、接納自我，進而取人之長，補己之短。

(五) 給家長的一封信

教師於開學之初發下「給家長的一封信」，向家長簡介教師的學經歷背景、班上的科任教師、自己的教學理念、評量方式、親職教育資訊及班級活動需家長配合之事項……等，讓家長們知道老師的想法和方向。另外，附上回條，讓家長書寫對老師教學的期望或建議，及其孩子是否需要老師特別注意與關懷之處等，讓彼此的觀念能有交流機會。

此外，每月可印製「班刊」或「班級通訊」，作為親師溝通橋樑，藉以傳達學校動態、班級近況、學生優良表現、親子活動訊息、親職教育專欄、學生園地及問卷等，增進家庭與學校的互動與溝通關係。

問題思考

在面臨愈來愈異質化的班級（如新移民子女、隔代教養家庭、不同家長社經背景等），教師應如何面對？採取哪些措施，可以使異質化的班級，營造出良好的班級氣氛？

參考文獻

朱文雄（1989）。**班級經營**。高雄：復文。

吳清山、李錫津、劉緬懷、莊貞銀、盧美貴（1990）。**班級經營**。臺

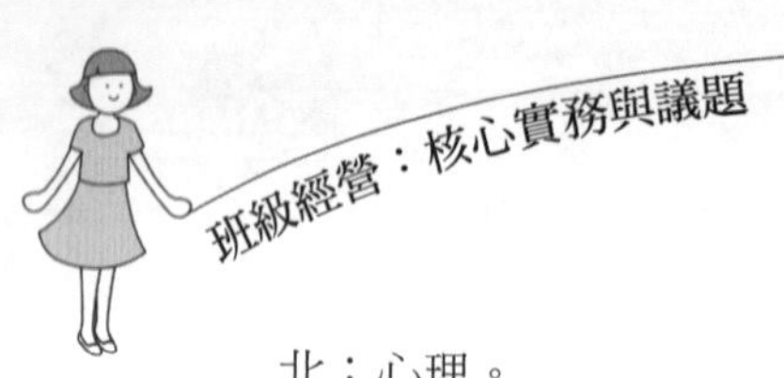

北：心理。

張春興、林清山（1981）。**教育心理學**。臺北：東華書局。

陳奎憙、高強華、張鐸嚴（1995）。**教育社會學**。臺北：國立空中大學。

鍾紅柱（1983）。**高中班級氣氛之研究**。國立臺灣師範大學教育研究所碩士論文，未出版，臺北。

Anderson, G. J. (1970). Effects of classroom social climate on individual learning. *American Educational Research Journal*, *7*, 135-152.

第貳篇

教學技巧篇

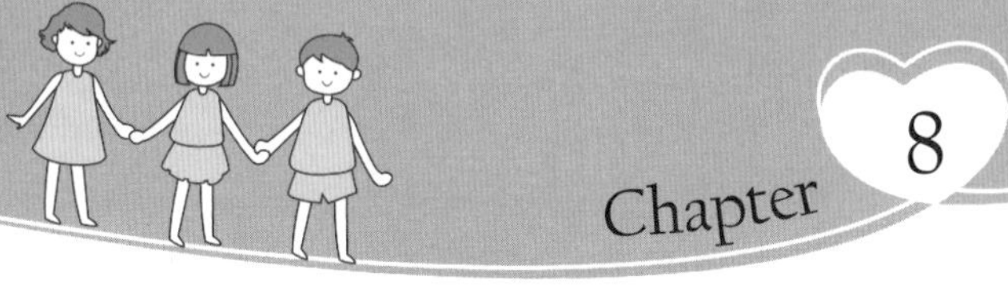

Chapter 8

教學技巧──停頓（空檔）

學習目標

一、了解「停頓」的意義，及其在課堂教學上的重要性。

二、了解「停頓」技巧的理論基礎。

三、能使用「停頓」技巧，並避免誤用的情形。

一、前言

我國教師習慣以直接的語言方式進行教學，卻忽略非語言方面的影響力以及吸引力。因此，為了增加學生學習的參與及效果，除了「說什麼」之外，研究「怎麼說」才能「抓住學生的心」更重要（王淑俐，1998）。在教師的非語言方面，「停頓」是一項很重要的教學技巧，也是國內教學相關研究中屬於較被忽略的一環，因此，本文首先針對「停頓」技巧的意義、在課堂教學上的重要性以及理論基礎加以說明；其次，說明「停頓」技巧如何運用，使用注

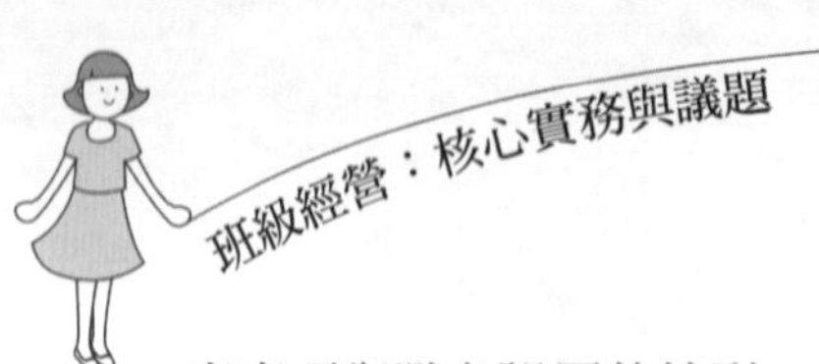

意事項與避免誤用的情形；最後，舉數個「停頓」技巧在學科上運用的案例。

二、意義（在課堂上的重要性）

演員或演講者往往會使用片刻的空檔，來引起聽眾的注意。教師如果適當利用空檔，也可以獲得相當大的效果。因為在教學時，片刻的空檔不但可以讓學生用心聽教師的說明，或者準備提出疑難問題，有時也可以藉此機會集中學生的注意力，或者改變學生思考的方向（李園會編，1985）。「停頓」是教師在教學進行中與某種情境下為了達成更好的效果作暫時的停頓，使學生有充分的時間反應，或使學生改變他的行為或思考的方向，如促使學生集中注意力、充分思考、期待回答、強調內容、欣賞回味等。

教師在教學時，為了展現教師權威，或是因為趕教學進度，講課時往往說得又快又急，結果不僅因此可能傷了自己的喉嚨，也可能因為講得太快導致學生聽不懂老師所講解的內容，不僅會使得教學成效事倍功半，學生也可能會因而降低學習動機與興趣。因此，與其說得快、說得大聲而學生卻聽不明白導致教學效果不彰，不如說得慢些、語氣和緩些來得好，必要時甚至在適當時機「停頓」，留些時間讓同學能集中注意力、多加思考以及欣賞回憶課文內容，或是教師發問後稍作「停頓」，增加待答時間，讓學生有充分的時間思考如何回答老師所提的問題。

三、理論基礎

「停頓」技巧的運用，基於以下的理論基礎：

(一) 教學技巧理論

教學活動的進行，除了老師積極準備之外，也需要學生參與學習活動，才能收到雙管齊下的效果。倘若教學活動僅教師本身積極準備，但缺乏學生的參與，則教學不容易達到預定的效果。因此，教學活動的進行必須學生專注以對，才能收到效果。透過教師正式語言行動（例如口頭制止）與非語言行動（例如眼神制止），有效遏止學生的脫序行為（林進材，2004）。或者，教師可靈活運用「停頓」的技巧，使學生集中注意力。

(二) 等待時間

等待一個問題或學生回答後的等待，及老師的中斷或感嘆都叫作「等待時間」（wait time）（丘立崗主譯，2006）。Rowe 指出，教師在提問後，通常至少會等一秒鐘讓學生回答，然後才會中斷學生回答、暗示、給答案，或叫其他同學回答。Rowe 發現，教師們與其打斷學生的回答，不如讓學生去思考，然後盡可能將他們的答案建構得更完整。尤其是當學生表現出學業低成就時，教師必須給予較長的等待時間。當老師等待或給學生時間去思考他們的答案時，學生回答的水準將增加可看性（丘立崗主譯，2006）。

從學者的研究可以了解，教師在發問之後，應該稍作停頓，增加等待的時間，以便讓學生有充裕的時間思考，有效增加教師的教

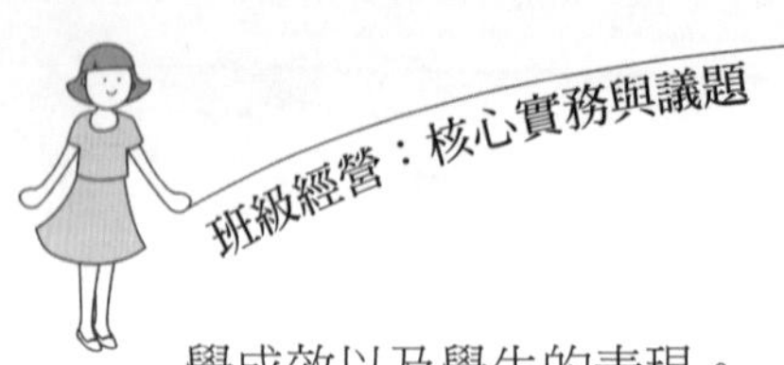

學成效以及學生的表現。

(三) 溝通理論——非語言溝通

「問題不是你說什麼，而是你怎麼說」，這句話所指的就是非語言的溝通。非語言溝通是一種不透過口說來傳達訊息的方式，非語言的溝通包括聲調、音高、聲音的大小、姿勢、身體的方向、臉部表情及目光接觸（丘立崗主譯，2006）。陳金祝（1997）研究我國國小教師教學時，各種非語言行為在教室中運用的情形，發現師生間的溝通包括語言與非語言的交流，對教師而言，非語言的溝通管道特別重要，但是普遍不受重視。他建議教師宜改善本身教學時非語言之使用，以充分發揮非語言在教學及教室管理上的功效。因此，教師在課堂上講到重要內容或複述學生回答的問題，應透過非語言溝通技巧之一——片刻的「停頓」，以增強學生對於授課內容的吸收。

四、「停頓」技巧運用的注意事項

教師的非語言溝通是教學管理的精髓所在，而暫停（停頓）動作又是最具力量的非語言訊號。因此，老師應該時常思考如何提高使用暫停（停頓）動作的頻率。以下提供兩項簡單的原則（王翔昇譯，1998）：

1. 每次老師說話時，要有暫停動作 20 秒，或者至少幾秒鐘的停頓（例如 5 秒）。
2. 每指導完二到三位同學後，必須站起身來，呼吸一下，同時看看其他同學。不僅可以讓自己的身體休息一下，還可以讓學生安靜下來。

以下針對如何運用「停頓」技巧，在使用時應該加以注意的事項，以及如何避免誤用加以說明。

1. 集中注意力、改變行為

較具力量的非語言訊號為——暫停動作。教師忽然中斷說話、姿勢不動，學生發現就靜下來了。如教師發現甲生玩弄地球儀，他利用「停頓」促使甲生集中注意。教師在敘述或講解過程中，片刻的「停頓」會使學生停止其不正常的行為，集中注意力，重新進行學習，這是利用「停頓」使學生集中注意的技巧之一，效果不錯。

「停頓」技巧也可用在上課時，以吸引學生注意。先停頓數秒，採取非語言動作（例如站立在教室前方不動，且注意腳尖向前，重心平置於雙腳），然後輔以簡單的口頭指示。（例如：「各位同學，請停止手邊的工作，注意我這裡。」）在這裡須注意的是，教師在要求學生停止動作時，自己也要停止不動，如此才能吸引學生注意，提高學生的專心程度。

2. 充分思考

有時候教師的講述需要給學生充分的時間去思考和體會。教師邊表演、慢慢說，適當的利用「停頓」。教師講述故事時為了要使學生傾聽入迷，更需要有充分的「停頓」。

3. 期待回答

教師提出問題後應有適當的寬裕時間讓學生準備回答。教師在問每一個問題後或問題中間有充分的時間讓學生思考、分析、觀察，以作正確的解答。教師提出的問題不作完整的發問，只作態度的表示，以期待學生作答。

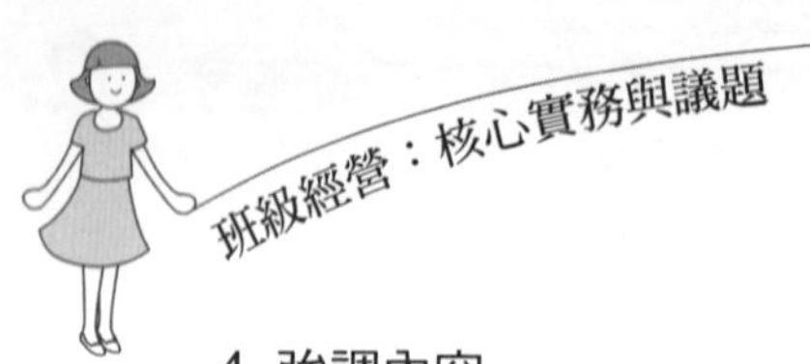

4. 強調內容

教師在講到重要內容或複述學生回答的問題，為了增強學生的吸收，應作片刻的「停頓」。例如為強調各三角形的特徵，因此，各重點所在需要稍停，使學生吸收。又如，好的演說者都會善用「停頓」，以強調內容的重要。

5. 欣賞回味

另外，在欣賞教學上也常常利用「停頓」讓學生品味、欣賞作品的優美。教師介紹一幅畫，談到優美之處，利用「停頓」給學生充分的時間欣賞。在文學方面也可以用「停頓」的技巧，學生欣賞作品時，教師只需引導學生進入情境，留下更多的時間讓學生細細體會。總之，在教學過程中，教師不是一味滔滔不絕的敘述、不停的回答、諄諄的解說就能達到教學效果。有時稍微的停頓，運用「停頓」的技巧就能事半功倍。

除了以上幾種情況外，「停頓」的技巧還可以用在以下情況（王淑俐，1998）：

1. 教學過程移轉時要求學生安靜且專注

教學告一段落之後，教師會交代練習作業，並詢問同學有無問題，再讓學生開始自習；此時教師要固定自己的身體不動，耐心等候約 20 秒。這表示希望學生也安靜和專注，使更多學生靠自己進入正常的學習狀態，學習對自己負責，減少學生要求老師重複說明的壞習慣。

2. 思索如何在教學中運用「暫停」的力量

在使用教課的聲音說話以前，或個別指導幾位學生之後，刻意停頓 5 秒鐘。

綜合前述，「停頓」具有使同學集中注意力、充分思考、期待回答、強調內容、欣賞回味、協助教學過程轉換等功能，教師可視教學現場實際情境善加利用。不過，「停頓」技巧雖有其用途，但是若運用不當，仍舊會有副作用，以下針對容易誤用「停頓」的情形加以說明。

1. 運用「停頓」的次數過於頻繁，影響教學的流暢性

運用「停頓」雖具有使同學集中注意力的效果，但是如果次數過多，會有副作用。例如，老師為讓同學吵鬧的秩序安靜下來，一再使用「停頓」的方式，將使教學流程被「切割」，破壞教學的流暢性，同時也會影響到同學上課的專注程度（同學原本專心的聽講，老師卻常常「停頓」下來，導致聽課被中斷）。

為避免「停頓」的次數過於頻繁，建議教師在教學時，宜適度使用「停頓」，避免次數過多，同時可以搭配其他班級經營的技巧，同樣可以使同學集中注意力，例如可以搭配獎懲制度、運用常規、具吸引力的教具等等。

2.「停頓」的時間長短一成不變

「停頓」的時間不宜一成不變，應視學生程度、答案性質而有不同。以學生程度為例，如果「停頓」是為了讓學生「期待回答」，則面對程度較差的同學所給予的等待時間，就應該比給程度較佳的同學要寬裕，讓程度較差的同學能有充分的時間可以思考；另外以答案的性質為例，如果期待回答的答案屬於「知識」、「記憶」性質等較低層次的答案，則「停頓」的時間可以縮短，但是如果老師期待同學回答的答案屬於「分析批判」、「評鑑」、「鑑賞」等較高層次的答案，因為認知層次較高，因此老師給予同學的「停頓」待答時間也就必須較長一些。

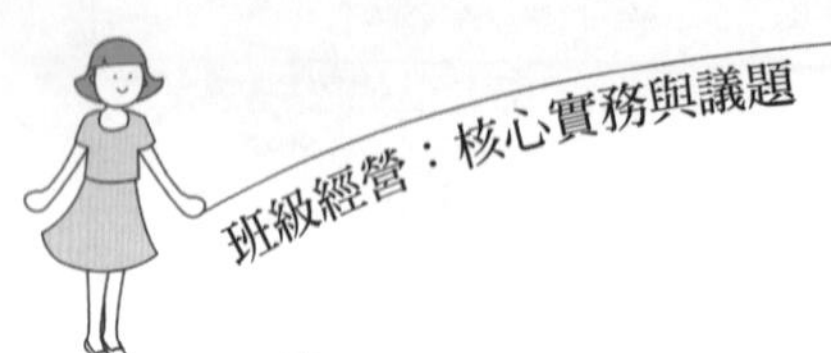

問題思考

面對低、中、高不同年段學生，教師在使用停頓（空檔）的教學技巧時，因年段不同，有哪些不同的注意事項？

參考文獻

王淑俐（1998）。教師的非語言行為與教學效果。**師友月刊，373**，22-25。

王翔昇（譯）（1998）。G. Michael 著。**教學革命**（ENVOY: Your personal guide to classroom management）。臺北：世茂。

丘立崗（主譯）（2006）。D. P. Kauchak, & P. D. Eggen 著。**教學原理——學習與教學**（Learning and teaching: Research-based methods）。臺北：學富文化。

李園會（編）（1985）。**如何實施微縮教學**。臺中：臺灣省立臺中師範專科學校。

林進材（2004）。**教學原理**。臺北：五南。

陳金祝（1997）。**國小教師教學時非語言行為運用之研究**。國立臺東師範學院教育研究所碩士論文，未出版，臺東。

教學技巧──多媒體運用

學習目標

一、了解多媒體運用的意義。

二、了解多媒體運用的理論基礎。

三、能將資訊融入教學方式。

一、多媒體運用的意義

在傳統的教學法中，教師多以講述法來進行。若是簡單的概念或與生活經驗有關的事務，學生可以很容易的了解老師所要傳達的概念，但若遇到複雜的理論或抽象的概念，學生則容易感到困惑，無法想像與了解；這時如果教師能運用多媒體，就可發揮它的功效。教師可以把所要講述的理論或內容，以靜態或動態的圖形來解說，甚至可以用一段影片來表達，加上音效、文字或視訊，可使教學效果更佳，學生上課更感到有趣。

媒體（media，源於拉丁文 medias），是中介的意思，也就是協助傳達訊息的工具或管道，也是人與人，或人與物之間的媒介物，包括器材或設備等硬體，以及程式等軟體，將這些媒介物應用在教學活動上稱之為教學媒體。

多媒體（multimedia）一詞是由 multi-與 media 兩個字合成的新字。media（媒體，或譯為媒介）的原義是「訊息的負載者」（message carrier），其種類繁多，只要在訊息傳遞的過程中擔任傳輸管道的角色，都是媒體，所以講課的老師、課本、錄音帶、地圖、電視、電腦等，都可以是「傳遞訊息的媒體」。multimedia中的multi-字首源自multiple，表示「多個、多種的」，所以multimedia 一詞即「多種媒體」的意思。

日常生活中，我們用文字與語言來表達意見、傳遞文化，透過聲音來交換訊息，並使用圖片來表達結果或意念；這些文字、聲音、圖片都是用來傳遞訊息，而這些都是媒體的一種。所以「多媒體」即是整合利用各種管道來傳遞訊息給我們。其基本的元素如下：

(一) 圖形（graphics）與動畫（animation）

圖形可以彌補文字描述的不足，或是加強使用者的印象；當遇到不易描述時，圖形往往會有「一張圖勝過千言萬語」的感覺。圖形可分為靜態與動態，靜態泛指圖畫或相片；動態就是所謂的動畫，它是由一連串的靜態圖片快速播放所構成的。

(二) 文字（text）

藉由文字可以傳遞作者的訊息，可由文字大小、顏色、字型及粗細等來表現出不同的效果。

(三) 視訊（video）

泛指由電視、錄影機、DVD 播放機所播放的內容，利用電腦周邊硬體與軟體，可以將這些內容輸入電腦來進行編輯修改，而成為電腦所能接受的格式，然後加入多媒體中。

(四) 音訊（audio）

用錄音的方式把這些聲音直接加入多媒體中，也可以利用 MIDI 來創造特殊的音效。

教師運用以電腦為主的多媒體輔助教學，可充分利用語言、文字、聲音、圖形與圖像等多種媒體訊息。另外，可與傳統的教學方法結合，形成多樣化的教學方法，使學生在最佳的學習條件下進行學習。教師運用多媒體進行教學，可發揮以下作用：

1. 激發學生學習動機與興趣，提高教學成效。
2. 培養綜合分析能力。
3. 有利於個別教學。
4. 有利於模擬實驗和訓練。
5. 有效率的利用課堂時間，減少教師授課的負擔。
6. 培養學生的科技素養。

另一方面，90 學年度起，九年一貫課程的實施，將資訊教育列為重大議題之一，強調將七大議題融入七大學習領域中，除著重於利用資訊科技的多媒體效果與網路上豐富的資源，來營造活潑生動、主動參與的學習環境外，同時也強調培養學生資訊技能的基本素養，擴展自身的學習領域，進而培養學生的十大基本能力。資訊融入教學是目前各教育主管機關積極推動的措施之一，強調將資訊科技融入各領域中，教師並從中設計與研發課程，使教師的角色由傳統的教學者轉變成為課程或教材的設計者與研發者。

綜合前述，由於多媒體本身具有聲、光、色彩以及多變化的特性，使教學不但變得更有趣，且可將原來抽象的教材變成具體化。因此，教師在上課時可將講義或教材製作成多媒體教材，來強化教材的內容。多媒體教學不但是一種潮流，更是一種趨勢，教師把所要講述的理論或內容，適當地加上音效、文字或視訊。讓教室有如電影院，能吸引學生上課的意願與動機，使上課變成一件有趣的事。

二、多媒體運用的理論基礎

資訊融入教學的理論基礎包括：行為主義（behaviorism）、訊息處理理論（information processing theory）與建構主義（constructivism）（江新合，1995；徐新逸、吳佩謹，2002；魏立欣，2004），以下分別說明。

(一) 行為主義

行為主義理論認為教學的目的在修正與塑造學生的行為，建立能增強學生預期反應的情境，並指導他們在類似情況中展現同樣的預期回應。主要的教學法有編序教學法（programmed instruction），編序教學法是將教材按照程序，編成許多細目以便學生自學的學習方式。學生透過教材從簡而繁、由淺入深的順序學習，層層而上，最後達到預定的教學目標。學生在學習過程中，能立即核對結果，以增強學習效果。在教學中看到的教學機與電腦輔助教學

（Computer Assisted Instruction, CAI），皆是運用編序教學的原理。

(二) 訊息處理理論

訊息處理理論是一群研究人類認知過程學者的成果，訊息處理理論將記憶視為知識的儲存歷程，其中包括了個體如何把知識編碼、儲存、檢索及解碼的歷程。這是由認知心理學發展出來的分支學派，其焦點在研究促使學習產生的記憶與儲存的過程。此理論視人類學習的過程如同電腦處理資訊一般，探究個人如何接收及儲存訊息使其成為記憶，將所學的新事物奠基在既有的知識之上，並了解學習者如何從短期與長期記憶中擷取訊息，將其應用於新的情境當中。訊息處理理論的貢獻在於：焦點主要在規則的學習和問題解決，關切學習進行中的內在過程，期望能歸納出適當的教學條件，致力於促進這些技能的學習。

(三) 建構主義

傳統的客觀主義認為知識是一種客觀存在的實體，可以將知識直接傳輸給學生，而建構主義則認為知識是不能傳達的，其強調個人在認知過程主動建構的行為，比較傾向主觀主義或相對主義（朱則剛，1994），主張：

1. 知識不是個體被動的接受，而是要靠學習者主動的建構。
2. 認知功能在適應，是用來組織經驗的世界，而非用來發現本體的現實（Von Glaserfeld, 1989）。
3. 知識是個人與別人經由磋商與和解的社會建構（張靜嚳，1995）。基於此，不難發現，人們的學習與理解深受個別的經驗影響，亦即學習是一種以學習者舊有經驗為基礎之主動建構的過程，非被動的吸收。

建構主義強調知識的獲得不是來自教師單方面的傳授，而是需要透過學生自己去學習了解，才能成為自己的知識，所以建構理論強調學習是以學生為中心。張國恩（無日期）認為，建構主義者認為知識是經由學生自我觀察外在事物後探索、體會與省思等思考活動（thinking activities）而建立的，強調以學生為中心（learner-centered）的學習環境。在建構主義的主張下，老師所扮演的角色由知識的傳授者，蛻變到知識建立的協助者。學生與老師的關係也由「從老師身上學」（learning from teacher）轉變成「和老師一起學」（learning with teacher）。正由於此種學習觀點的改變導致了現今學習科技的發展。早期學習科技發展者注重如何利用科技建立一個學習環境，此環境提供一些教學資源，讓學生可從中獲得知識，此種提供教學資源的方式依然採用知識是被傳授的觀念，而非知識是自我建構的觀點，其目的是要取代老師傳授知識的角色。然而，受到建構主義的影響，現今學習科技的發展注重如何把科技當作學習工具，學生利用這些工具發展知識，也就是學生將工具當作學習夥伴（learning partner）。學生與科技間的關係，如同學生與老師間的關係，由「從科技學」（learning from technology）轉變成「用科技學」（learning with technology）。

三、多媒體運用之注意事項

善用多媒體與資訊，具有提高學生學習興趣、增進學生理解、加強學生印象、獲得正確知識等功用。教師應運用多媒體呈現教材，讓學生用多種管道進行學習，加深學習效果。然而，在運用多媒體上有些事項是教師必須注意的，以下分別針對多媒體與資訊運用的注意事項，以及如何避免誤用加以說明。

資訊融入教學實施的方式有以下三項（涂孝樸、彭信成、黃士恆，2004），教師可以視學校設備與課程需求彈性運用。

(一) 在一般教室進行資訊融入教學

在一般教室使用電腦搭配單槍投影機，此種資訊融入教學的方式最為常見，對於教師及學校都很方便。若學校的電腦教室不夠，無法在電腦教室上課，任課教師必須準備筆記型電腦，搭配單槍投影機，在一般的教室內呈現事先製作好的數位化教材，以增進教學效果。此種方式的優點在於學生可以在原教室上課，缺點為學生無法自行操作電腦練習，須依照教師的授課進度來學習，可能會限制學生創造思考的空間，也就是整個教學過程明顯以教師為主體，無法將教學活動和電腦結合在一起，效果相當有限。

(二) 在電腦教室進行資訊融入教學

藉由電腦教室一人一機的上課模式，教師呈現準備好的教材。此種方式優點為只要電腦數量足夠，可讓學生皆有練習的機會，缺點是任課教師必須肩負電腦教室中電腦軟硬體維護才可能勝任。若軟硬體維護知識不足，面對突發的電腦狀況隨時有可能中斷上課的進行，而造成教師授課的困擾，令電腦軟硬體維護能力不足的教師望之卻步。因此，學校對於所使用的電腦教室必須做好維護工作，以利教師與學生使用。

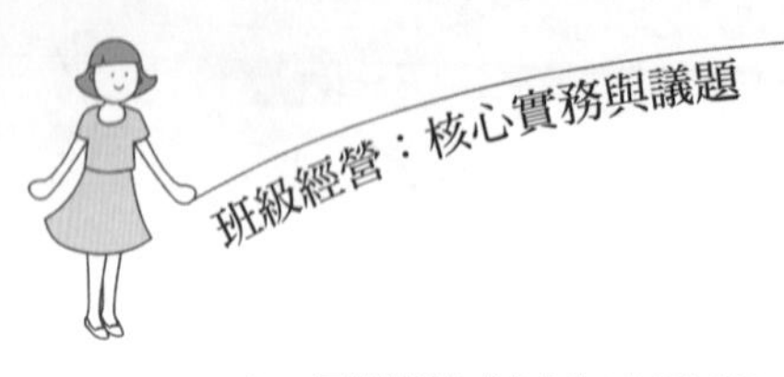

(三) 電腦軟體輔助教學

教師利用電腦輔助軟體讓學生在單元學習之後可以得到練習的機會，以了解學生的學習狀況是否理想，作為教學方式改進的參考。

簡良諭（2000）認為教師在從事資訊融入教學時，教案與教學材料的準備可以下列方式進行：

1. 講義製作

將先前蒐集的資料整理成適合課程的講義教材，因為教學過程每年都會有新的成長，使用文書處理軟體可以使得往後教材講義的編修更為方便。

2. 教具準備

可以使用動畫軟體（如 Flash）來製作教具，尤其是許多較為抽象概念的課程，若使用模擬教學的軟體，可以分享給學生作為課後複習及補救教學之用。

3. 影帶轉換

將適合教學使用的影片片段，轉錄製作數位的 MPG 檔、VCD 或 DVD，可以在教學時依照教學進度播放。

4. 教學簡報

教師可將所編輯的教材與教學媒體加以彙整，製作成上課時可以協助使用的教學簡報，並且可以將簡報建置在個人教學網站上，以供學生下載複習。

在運用多媒體上，有些事項是教師必須注意的，以避免誤用，以下分別加以說明。

1. 教師不可獨尊多媒體教學。各種教學方法皆有其價值與適用時機，即使是傳統的講述法，也有其功效。因此，教師不可為趕流行而濫用多媒體教學，而是應考量教學目標、學科性質、學生程度等因素，選擇最適合的教學方法。

2. 多媒體輔助教學並非教材的翻版，它並無法取代教材。運用多媒體要與各種教學法結合，在有利於進行多媒體教學的教材或進度，充分運用多媒體輔助教學，以幫助學生理解教材，提高教學成效。
3. 教師在指導學生使用電腦等多媒體時必須要有耐心，在教學時應主動去關心與了解學生的學習狀況，協助學生解決問題。
4. 多媒體輔助教學雖然可以將物理、化學、生物等課程中，有關實驗的過程、方法、現象有效的呈現出來，但它絕對不能取代真正的實驗過程，也不能取代學生自己動手做實驗。

四、多媒體運用案例

基本上，多媒體可以運用在多種學科。張國恩（無日期）認為電腦等多媒體融入教學的範疇有以下幾項：

(一) 抽象化的教材

有些教材所呈現的知識是很抽象的，學生不易了解。例如自然或數學領域中的概念或公式常令學生不易理解，造成學習動機低落。若欲提高學習動機和增進學習效果，可將抽象化的教材以視覺化展現，例如將數學函數以真實的圖形表現出來，更有助於學生理解。視覺化展現的最好工具當屬電腦，尤其電腦多媒體特性更能以多樣化的方式表達出易於理解的效果。另外有些抽象化的教材內含理論模型，不易口頭說明，因此運用商用軟體的內建數學函數與多媒體展現功能表達抽象模型，也是協助學生理解的方法。

(二) 需要培育從事實物演練的經驗

有些教材需要讓學生實際操作練習以獲取經驗，如各類實驗與實作等。為了讓學生有不斷練習的機會，可運用模擬軟體，例如模擬飛行軟體可協助飛行訓練、數位電路模擬軟體可讓學生練習電路實作等。

(三) 學校無法提供問題解決的環境

課程中有些重要教學活動會用到校外的資源或不易取得的資源，由於資源取得不易，致使老師省略這些教學活動。現今網際網路的發達，提供了相當多的教學資源，例如各種資料庫，這些資源也使得老師容易實施教學活動。

(四) 師資不足的學科

現代的課程愈來愈多元化與專業化，以致學校有些學科欠缺專業的教師，此時若能利用遠距教學補足師資，對學生接受課程的完整性將有助益。

(五) 引起學生學習動機

有些教材用口述講授較為單調，無法引起學生興趣，使得學習效果不佳。這些教材可用電腦重新編製，成為多媒體教案。結合文字、圖片、動畫、音效等的教材展現，較能引起學生學習動機，獲致較佳學習效果。另外，也可運用有趣的多媒體 CAI 軟體。

(六) 自我診斷與自我評量

知識診斷或學習評量對老師而言負擔極重，利用電腦線上評量或診斷系統不但可減輕老師負擔，也可得到學生的診斷結果，然而，電腦線上評量或診斷系統還有待發展。目前的題庫系統僅注重分數評量，缺少診斷功能，對老師或許有幫助，但對學生的學習效果有待考驗。

(七) 學習能力的發展

九年一貫課程的實施目標是為了培育學生具有十大基本能力，然而其中有些能力難以透過知識的教學，例如「主動探索與研究」、「獨立思考與解決問題」等能力，皆需在學習過程由學生不斷地研究、操作與省思後養成，而電腦與網際網路便可以提供這方面的練習機會。

另外，各種學科使用多媒體於教學上的實例相當多，例如：(1)數學科面積及體積的計算。像是梯形、長方形、圓形面積以及各種柱體體積的計算，利用多媒體的切割、搬移、填補技巧，可使學生清楚了解數學計算的原理。(2)數學科幾何圖形的認識。幾何圖形的認識，像頂點、線、面的介紹，利用多媒體繪圖及旋轉的功能，很容易讓學生一目了然。(3)國語科連結影片播放，可增加上課的活潑性與趣味性。(4)音樂科連結聲音檔播放，加強音效的效果，將使上課更生動有趣。

綜合上述，多媒體的運用不僅是教學方法的趨勢，也是教師必備的專業素養之一。教師在教學時，如能靈活運用多媒體資源，不僅可使教學方法多樣化，更能提升學生的學習動機，有效提升教學品質，最終達成教育目標。

問題思考

運用資訊融入教學，對於國小教師的班級經營、教學或學生的學習，具有哪些優點或益處？或是可能產生副作用？

參考文獻

朱則剛（1994）。建構主義知識論與情境認知對教育科技的意義。**視聽教育雙月刊，208**，1-15。

江新合（1995）。**國小自然科教材教法**。臺北：心理。

涂孝樸、彭信成、黃士恆（2004）。九年一貫課程實施資訊融入教學產生的問題與建議。**中等教育，55**（4），4-13。

徐新逸、吳佩謹（2002）。資訊融入教學的現代意義與具體作為。**教學科技與媒體，59**，63-73。

張國恩（無日期）。**從學習科技的發展看資訊融入教學的內涵**。2011 年 8 月 1 日，取自 http://enjoy.phy.ntnu.edu.tw/mod/resource/view.php? id=12389

張靜嚳（1995）。問題中心教學在國中發展之經過、效果及可行性之探討。**科學教育學刊，3**（2），139-165。

簡良諭（2000）。資訊融入教學模式探討。**師友月刊，425**，76-78。

魏立欣（2004）。**教育科技融入教學**。臺北：高等教育。

Von Glaserfeld, E. (1989). Constructivism in educations. In T. Husen & T. N. Postlethwaite (Eds.), *The international encyclopedia in education* (121-140). New York: Pergamon Press.

Chapter 10

教學技巧——讚美與鼓勵

學習目標

一、了解讚美與鼓勵的意義。

二、能說明讚美與鼓勵的理論基礎。

三、能正確運用讚美與鼓勵技巧，並避免其可能產生的副作用。

一、讚美與鼓勵的意義

讚美與鼓勵係指當學生做對或做好事情時，教師給予讚許或鼓勵，使學生持續表現出良好的行為。讚美孩子或鼓勵孩子，說一些令孩子振奮的話，可以產生意想不到的教育效果，也可以表揚學生的優秀表現。

讚美與鼓勵都是認同學生的行為，但二者仍有區別。王鍾和（1995）認為，其主要差別在於目的和效果的不同。「讚美」是一種回饋的方式，它是基於競爭，給予勝利者或是表現得較好的學生，必須要學生表現了老師認為好的行為，老師才給予肯定。不是每個學生都能得到讚美，老師藉讚美控制學生行為表現，所以讚美著重行為的結果，套句俗話是「錦上添花」。「鼓勵」是給予進步和努力者的，它注重學生學習過程的優點和努力，協助孩子感到有價值，培養面對難題的勇氣，甚至當學生受到挫折或自覺不夠好時，一句鼓勵的話，也可以發揮「雪中送炭」的作用。總之，讚美在教導學生與他人比較，而且只為個人的利益做；鼓勵則是肯定學生努力和進步的過程，賞識、感謝學生對學習的投入。

學習過程中的讚美與鼓勵可以鼓舞學生提高其學習欲望，教師在教學應該多加利用適當的單字、語句、表情與動作，以促進學生學習或激勵良好行為。讚美與鼓勵有下列四種：口頭讚美、動作鼓勵、物質性獎勵、代幣增強。

(一) 口頭讚美

正面的語言讚美鼓勵，運用在學生有好的表現或反應之後，例如：「你今天表現實在太好了！林同學的表現可以當班上同學的楷模。」

(二) 動作鼓勵

教師運用非語言的方式（動作），對學生正確的反應給予正面的讚美鼓勵，例如摸摸頭、拍拍肩膀等。

(三) 物質性獎勵

教師在必要時可以提供獎品，例如獎卡、作業簿、鉛筆、原子筆等鼓勵學生，使其獲得成就感的滿足，持續表現出優良的行為。

(四) 代幣增強

教師設計積分卡或獎勵卡鼓勵學生優良的行為表現，累積一定的積分或獎卡後可以兌換更強、更有效的增強物。

二、讚美與鼓勵的理論基礎

讚美與鼓勵的使用，其理論基礎有正向心理學（positive psychology）、增強理論（reinforcement theory）與激勵理論（motivation theory）。讚美與鼓勵的使用對於營造優良的學生次級文化與達成班級經營效能具有正面的作用，茲說明如下：

(一) 正向心理學

二十世紀末，美國心理學會會長 Seligman 和一群心理學界的學者，有感於心理學家們所研究和服務的對象不應該侷限於心理有障礙、精神狀況不穩定的人，他們試圖用科學的方法去衡量和解釋人們追求快樂的心理和行為。所以正向心理學簡單的定義就是快樂的科學（江雪齡，2008）。自 1990 年大量出現的正向心理學研究固然是對目前學術界過程聚焦的人類非常態現象的反省，轉而以正向心理特質為主軸，但無論是正向或負向的行為及心理反應，都構成人類外顯及內隱行為反應的一部分，因此對人類行為與心理的完整了解，不應過度偏重於負面問題的探討，應該同時探討正面心理的本質、發展與影響（黃文三，2009）。正向心理學希望能夠透過學習，發展樂觀想法，消弭悲觀思維，在遇到挫折或困難時，不輕易陷入憂鬱的狀態，並以正向思維面對人生的困難與挑戰，進而營造和諧、美好的社會景況（陳明秀，2007）。

Seligman 推展正向心理學運動，提出三方面的要素，希望能夠提升人類生活品質並有助於預防心理疾病，包括：正向的主觀經驗、正向的個體特質以及正向的組織環境（引自曾文志，2006）。正向心理學具有以下三項重點，分述如下（賴進龍，2010）：

1. 正向的主觀經驗

正向主觀經驗是指正向的情緒或對自我和未來具有建構性的想法，例如對生活感到幸福、滿意；富有活力與自信的感覺。教師平時應多提供學生成功的經驗，並適時給予激勵與讚美，使其心理獲得滿足，這些正向的主觀經驗可以使學生產生正向的情緒、思考，在面對挫折或失敗時，能以平常心看待，從中獲取經驗並自我省思。

2. 正向的個體特質

正向的個體特質是指品格的長處與美德，例如勇氣、誠實、智慧、正義、謙虛、感恩等。每位學生都渴望自己受到別人關注、稱讚，教師應多觀察學生平時的行為表現，即使是令人頭痛的「問題學生」，在其出現良好行為或言語時，也應馬上給予鼓勵與強化，讓學生能充分發揮本身的長處或美德，有助於學生建立正向的自我概念。

3. 正向的組織環境

正向組織環境的塑造，包括家庭、學校、社會等，有助於個體正向特質的維持，避免環境對於個體負面的戕害，如教育部推動的「友善校園」。教師應營造和諧的班級氣氛，建立師生間良好的互動關係，學生的學習及成長將得以獲得正向發展。但正向環境的營造，並非以一人之力就能促成，而是需要眾人全心全力的投入，方能提供學生正向的學習環境，使其發揮潛移默化的作用。

綜上，正向心理學有別於傳統心理學強調缺陷、重視治療的思維模式，主張以正向思維，以樂觀、愉悅的心情看待人事物（陳明秀，2007）。教師必須將這種正向思維運用在管教與輔導學生上，多著眼於學生優秀表現的一面，將可營造出溫馨與溫暖的學習環境，班級氣氛與師生之間的關係也會更加和諧。

根據正向心理學的理論，教師應運用正向管教，多多給予學生正面的鼓勵增強，當學生有好的表現時，馬上予以鼓勵、讚美，除可強化學生好的行為之外，也可建立學生的自信，給予成功的經驗，激勵學生的榮譽心，進而內化成自身的行為準則。當學生犯錯或表現不良行為時，盡量避免使用羞辱、體罰或責備等負面的管教方式，而是應該了解學生不當行為的原因，協助學生改善不當行為，並在行為改善時立即給予鼓勵增強，方有助於學生不當行為的改善，並建立良好的行為。

(二) 增強理論

在教學過程中，透過增強作用可以鼓勵學生提高其學習動機。增強作用是指因增強物的設置，而使個體某種反應經強化而保留的安排。增強作用分為正增強與負增強，正增強是因增強物出現而強化某種反應的現象；負增強則是指因增強物消失而強化某種反應的現象（張春興，1991）。

增強的作用在於增強反應行為的過程，增強的原理在於了解行為、培養行為、鞏固行為、改造行為的歷程，在學習過程中，學生如果能受到師長或同學的肯定與獎勵，就會因為受到激勵作用而增強學習的效果。教師為了提高學生預期行為的出現，會採用正增強的策略，如積分卡、榮譽卡、讚美等等，經由正向的刺激來增加學生良好表現的次數。

教師在教學時利用適當的單字、語句、動作，以促進學生學習的增強作用。在增強作用的使用上，常使用代幣制度（token economy）。代幣制度採操作制約原理，以個體自發性的活動，配合代幣做外在增強的控制，以期在逐漸進步中，以正當行為取代不正當行為。

(三) 激勵理論

激勵是激發學生持續保持動機的心理歷程，激勵策略成功與否，取決於學生「內心」是否受到激勵。有關激勵的理論很多，以下舉較為著名的需求層次論（hierarchy needs theory）、激勵保健理論（motivation-hygiene theory）與期望理論（expectancy theory）加以說明。

1. 需求層次論

Maslow（1970）的需求層次理論，將人類需求分為五等，依次為：基本生理需求、安全需求、社會需求、尊重需求、自我實現的需求。人們的需求欲望會影響行為；人們的需求有重要性及層次性，依順序的排列；人們的需求只有在低層次的需求已經滿足時，才能晉升次一較高層次的需求。因此，只要能找出學生需要的是什麼，提供有效的報酬或獎勵，依學生需求層次逐一滿足，便可達成激勵學生的效果。

2. 激勵保健理論

Herzberg（1966）提出激勵保健理論，又稱為雙因子理論（two-factor theory）。Herzberg認為人類的動機與滿足感是由兩組因素來控制，而非傳統上所認為的只有一組因素。他把滿足的反面定義為無滿足（no satisfaction），而不滿足的反面卻是沒有不滿足（no dissatisfaction）。滿足與不滿足分別由兩種不同的因素來控制。

影響工作滿足（job satisfaction）的因素，包括有成就感、受賞識感、工作本身、責任感、成長及升遷發展，這些因素能有效的激勵個人較佳的績效及努力，稱為激勵因素；這些因素都與工作有直接關係，且隱含於工作之中，故又稱為內在因素。影響工作不滿足（job dissatisfaction）的因素，包括組織的政策與管理、視導技巧、薪資、人際關係及工作環境，主要在於防止工作不滿意，這些稱為保健因素（謝文全，1988）。

3. 期望理論

Vroom（1964）的期望理論指出，激勵的首要策略必須讓學習者維持高度的動機，必須讓行為者認為學習對他們而言，具有重要價值並且有較高的期望，激勵的力量等於價值感（valence）與期望（expectancy）的乘積和。

由前述三個與激勵相關的理論可以得知，教師在運用激勵理論時，必須先了解學生的發展階段、學習興趣、家庭背景，在多元的班級活動及學校活動中，透過鼓勵與讚美關懷學生，以達到激勵的效果。換言之，不同的學生有不同的背景與需求，教師必須透過日常與學生的相處，觀察體會學生的需要，並透過激勵的運用，提升學生的學習動機與自我效能。

綜合前述，讚美與鼓勵理論基礎有正向心理學、增強理論與激勵理論。在學校教育與班級經營上，讚美和鼓勵的使用對於營造優良的學生次級文化與達成班級經營效能具有正面的作用。在營造學生次級文化的積極功能方面，首先，教師必須了解學生的次級文化，引導其向積極面發展。Coleman 指出同儕次級文化有的有益於學習成就，有的則有害於學業成就（林清江，1992）。學生次級文化是一種兼具積極功能與消極作用的文化，如何轉弊為利，善加誘導，關鍵在於教師。林清江（1992）提出改變學生文化，可以運用幾種重要的技術，例如公開場合中，給予學生表揚有助於形成優良文化的行為表現。在班級經營的實際研究方面，教師領導風格與班級經營效能具有相關性。Brophy（1988）研究發現，教師的班級經營效能，會受教師領導行為的因素所影響，當教師運用較多的讚美及獎勵、較少的指責，班級經營成效更好；教師要有好的班級經營效能，必須多加運用正當、合理的態度指正學生的錯誤，藉由輔導、不斷鼓勵，協助學生建立良好行為。

三、讚美與鼓勵技巧運用之注意事項

讚美與鼓勵的技巧雖然有其功能，但在使用上，仍有以下必須注意之事項。

首先，代幣制度可逐漸引導學生由外在誘因變為自我控制，也就是在建立良好的習慣之後，除了代幣的獎勵之外，也可以利用社會性酬賞（如口頭讚美），和自尊的提升，將外在誘因轉變為學生的自我控制，使行為改變的效果得以持續。在使用代幣制度上宜注意，不同行為階段宜採取不同的增強方式：新行為建立時宜採「連續性增強」方式，以利塑造新行為；而在行為建立後，改採變動時距與變動比率的方式，可以使學生的預期行為持續，較持續使用「連續增強」更不容易消弱學生的預期行為。

其次，教師應多使用讚美與鼓勵，少用責罰，而且讚美與鼓勵必須了解學生的需求，投其所好，才能達成效果。Brophy（1988）的研究發現，當教師運用更多的讚美及獎勵，與較少的指責時，其班級經營成效更好；Manthey（2006）亦指出，當教師多給予鼓勵的獎勵方式，更能激勵學生的創意表現。另外，獎賞規則需要客觀與公平，無論是物質上或精神上的獎賞，都須因時、因人而擇用，獎賞的方式最好是由連續性漸變為間接性，藉由獎賞方式達到增強的效果，將有助於強化學生的優良行為。

另外，在使用讚美與鼓勵時，必須避免其副作用，例如學生可能為獲得獎賞，而產生過度競爭、錙銖必較的情形。或是學生可能為了受獎賞，而凡事皆遷就討好教師的賞罰標準，使價值判斷及創造力的發展受限。

四、讚美與鼓勵運用案例

近年來，教育部致力於推動建立校園輔導管教機制，持續推動校園正向管教政策。2006 年修正之《教育基本法》第 8 條明文規定：「學生之學習權、受教育權、身體自主權及人格發展權，國家應予保障， 並使學生不受任何體罰，造成身心之侵害 。」此條文明訂禁令禁止體罰。另外，教育部為建立校園完整的輔導管教機制，使基層教師對於輔導管教有一明確可循之處理原則，於 2007 年公布「學校訂定教師輔導與管教學生辦法注意事項」，老師除了可以採取記功、嘉獎、表揚等「正向管教」外，還可透過「一般管教」，如包括口頭糾正、調整座位、要求學生口頭道歉或書面自省、課餘從事公共服務、靜坐反省、站立反省等做法，但這些管教仍必須符合比例原則；必要時，學校經學生獎懲委員會之討論議決後，也可以採取特殊管教措施，如家長帶回管教、辦理高關懷課程等。

為了協助學校推動採用正向管教政策，教育部於 2010 年修訂「教育部推動校園正向管教工作計畫」，主要著重在透過專業成長，增進全體教育人員正向管教之知能；加強教育行政機關及學校分工與合作，強化三級預防功能（教育部，無日期）。綜觀這幾年來的政策走向，可以發現在消極目的方面，希望能杜絕校園違法或不當管教案件之發生；而在積極目的方面，一方面希望透過專業成長教育，增加全體教育人員正向管教之知能，另一方面，則是加強三級預防功能，創造友善校園，輔導學生健全發展。

在班級經營的實際研究上，也發現中小學教師在班級經營時，多運用正面的鼓勵增強有助於班級經營效能。例如呂佳玲（2011）研究桃園縣國民中學導師正向管教與班級經營效能之關係，研究發現桃園縣國中導師正向管教之「正面的鼓勵增強」、「合理的管教措施」、「穩定的情緒管理」、「完善的支持環境」對整體班級經營效能皆具有正向預測力，以「合理的管教措施」最具有解釋力。賴進龍（2010）研究屏東縣國小教師正向管教知覺與班級經營關係，研究發現國小教師正向管教實施的程度愈高，其班級經營的情形就愈佳。王玉珍（2011）研究兩位國中優良導師的班級經營策略，研究發現國中一般學科優良導師，會善用「民主關懷、正向鼓勵」策略，以營造「溫馨大家庭」的班級經營願景。

綜合上述，讚美與鼓勵、正向管教不僅在學理上有其理論基礎，也是目前教育行政主管機關在推動的重點政策，同時，在學校教育與班級經營實務上，也的確能發揮班級經營效能，促進良好師生關係之功效，因此，教師可在教導學生時多加運用。

問題思考

教師在班級經營時運用讚美與鼓勵技巧，應如何避免可能產生的副作用？

參考文獻

王玉珍（2011）。**國中優良導師班級經營策略之個案研究**。靜宜大學教育研究所碩士論文，未出版，臺中。

王鍾和（1995）。鼓勵：建立孩子的信心與價值觀。**主題輔導工作坊研習手冊——親職教育：單親家庭篇**。臺北：教育部。

江雪齡（2008）。**正向心理學——生活、工作和教學的實用**。臺北：心理。

呂佳玲（2011）。**桃園縣國民中學導師正向管教與班級經營效能關係之研究**。輔仁大學教育領導與發展研究所碩士論文，未出版，新北市。

林清江（1992）。**教育社會學新論**。臺北：五南。

教育部（無日期）。**教育部推動正向管教工作計畫**。2011 年 8 月 3 日，取自 http://140.111.34.180/policy.php

張春興（1991）。**現代心理學**。臺北：東華書局。

陳明秀（2007）。**Seligman 正向心理學進行國小綜合活動學習領域教科書之內容分析**。臺北教育大學課程與教學研究所碩士論文，未出版，臺北。

曾文志（2006）。活出生命的價值——正向心理學的認識。**師友月刊**，**464**，1-7。

黃文三（2009）。從正向心理學論生命教育的實施。**教育理論與實踐學刊**，**19**，1-34。

賴進龍（2010）。**屏東縣國小教師正向管教知覺與班級經營關係之研究**。國立屏東教育大學教育行政研究所碩士論文，未出版，屏東。

謝文全（1988）。**教育行政——理論與實務**。臺北：文景。

Brophy, J. E. (1988). Educating teachers about managing classrooms and students. *Teaching and Teacher Education, 4*(1), 1-18.

Herzberg, F. (1966). *Work and the nature of man*. Cleveland, OH: World Press.

Manthey, G. (2006). More than just the facts. *Leadership*, *2*, 12-13.

Maslow, A. H. (1970). *Motivation and personality*. New York: Harper and Row.

Vroom,V. H. (1964). *Work and motivation*. New York: John Wiley & Sons.

第參篇

議題篇

晨光時間的規劃與運用

學習目標

一、了解晨光時間的目的與意涵。
二、了解規劃晨光時間的方式。
三、了解晨光時間的實施原則。

一、實施晨光時間的背景

俗話說：「一日之計在於晨」，站在學校教育的立場，希望學生對於早晨時光能夠珍惜並善用時間。過去國小晨間安排的「早自修」，往往多讓學生於這段時間抄寫國語字詞、演算數學題目，不僅過於刻板、僵化，且難以引起學生活動意願。有鑑於此，前教育廳取消學校早自習活動之後，對國小的晨間活動不再有統一規定，晨光時間的運用與規劃，由各學校自行決定。亦即目前國小的晨光時間活動，和以往「早自修」的內涵大不相同了。例如晨光時間可以由「故事爸爸」、「故事媽媽」來帶領孩子閱讀；另外，配合社

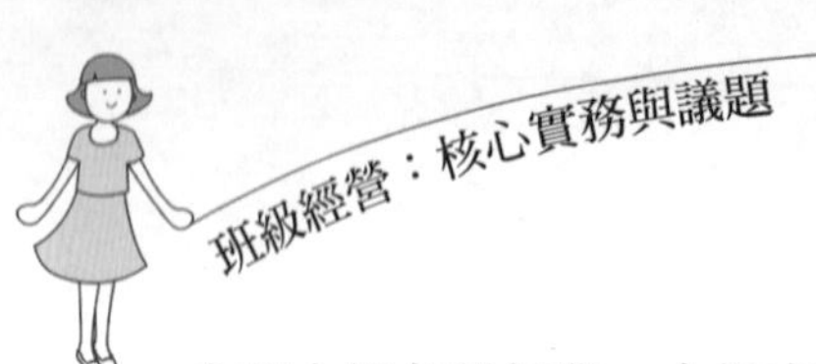

會課介紹各種行業，由從事不同行業的家長利用晨光時間，介紹各行各業的甘苦談。

晨光時間的安排是學校課程中相當重要的一環，班級的晨光活動，如能有系統的將各種學習內容，透過親、師、生之間彼此共同合作規劃與實施，不但能有效運用晨光時間，更能提高學生學習興趣與增加見聞。

二、晨光時間的目的

晨光時間設置的時間通常是指早上 7：45 左右到學校以後，從 8：00～8：15，大約 15 分鐘的時間（各校時間並未統一）。晨光時間非常寶貴，也是一天之中頭腦最清楚、學習最佳的時段，晨光時間若能善加利用，不但可以使學生多一些學習，更能提高一整天的學習情緒。

為培養孩子利用時間的觀念，可以規劃晨光時間讓孩子有效的運用早晨的時間。排定例行性的活動是為了讓孩子能夠確實掌握學習時機，以及利用時間讓孩子多學習與課內相關的知識。希望透過彈性化、活潑化、多元化的晨間活動，使學生能夠善用晨光時間，擴充學習領域，並豐富學習內涵，以引導學生展開一天當中快樂的學習。

綜而言之，晨光時間的目的主要有以下幾點：

1. 將晨光時間加以規劃與運用，以多元的活動，增進學生身心健康發展。
2. 透過學校、教師、家長一同規劃參與活動的設計，除可發展班級特色，亦可讓學生有多元的學習經驗，開展學生多元智慧。

3. 配合各學習領域或相關議題進行教學，可提高兒童學習興趣，充實學習內容。

三、晨光時間的實施原則

晨光時間雖短，但如果用心規劃，可以發現能做的事情非常的多。例如利用晨光時間來處理班上的事務，或是像慶生會等一些有助於促進班級感情的活動，皆可以利用晨光時間。另一方面，晨光時間的學習活動安排，也可有助於學生個性與群性的發展，例如在活動進行中，學生除能運用所學之外，還可養成分工合作、互助的習慣。

為使晨光時間能發揮其作用，以下幾點原則可供遵循：

(一) 活動主題化

可於晨光時間舉辦一些主題活動，其主題可與七大學習領域、七大新興議題，或是結合團康、鄉土、讀經、體能等相結合，增加學習的成效。例如：舉辦有關藝術與人文領域的活動，如音樂賞析或美勞的製作等，這些都可以使學生進行多元的學習。

(二) 內容生活化

晨光時間規劃的學習內容可取材自學童生活周遭事物，與學生的生活經驗做結合，產生有意義的學習活動。例如：教導學生縫紉、摺衣等技巧，使學生培養基本生活能力。

(三) 兼顧動態與靜態活動

晨光時間的活動可以很多樣化，兼顧動態與靜態活動。動態的活動如：運動（跑步、跳繩、球類運動等）、戶外遊戲、帶動唱等；靜態的活動如：說故事、閱讀、閱讀經典（《三字經》、《弟子規》、唐詩……）等。

(四) 內容多元與定期變化

晨光時間的學習內容多元化，並定期改變，將更能引起孩子學習的興趣。內容可以照主題進行調整，例如：

1. 閱讀活動：安排學生自行閱讀、愛心爸爸媽媽說故事、學生說故事等。
2. 經典學習：教學生讀《三字經》、《弟子規》、唐詩等。
3. 藝術學習：教學生製作童玩、音樂欣賞、戲劇欣賞等。
4. 民俗體育活動：安排踢毽子、扯鈴等活動。

(五) 給予學生創作與發表的空間

學習活動應以學生為主體，因此，晨光時間活動應給予學生創作的空間，並給予學生分享作品、表達自己想法的機會。

(六) 充分運用家長人力或社區資源

家長參與校務是趨勢，有許多熱心的家長願意為孩子付出心力，幫忙老師帶學生進行晨光活動，教師可以善用家長們的專長來安排晨光時間，可以減輕老師的負擔，並豐富學生的學習。此外，社區的各項資源，如圖書館、文教機構，都是唾手可得的資源，教師可在規劃活動時納入考量。

四、晨光時間的規劃與實施方式

晨光時間的規劃與實施方式，大致可依循下列步驟進行：

(一) 進行晨光時間人力資源的調查

晨光時間活動的進行，以教師與家長帶領為主。晨光時間通常是由教師帶領全班，或由班級幹部及推選代表輪流來實行。但有時教師需要開會，也可以由家長來指導學生。因此，教師第一步要做的就是進行家長人力資源的調查，了解家長的專長與可以到校帶領活動的時間。而最常用的方式，就是先利用問卷的方式，調查家長方便的時間、專長與意願。

(二) 規劃晨光時間活動的內容

問卷回收之後，依據教師與家長的專長來規劃晨光時間活動的內容，常見的活動包括：讀書會、說故事、讀經、唸唐詩、靜思語、手工藝、英語會話、家事烹飪、美術勞作、球類運動等，如表6所示。

教師可請班上學有專精的學生家長進行小型的專題演講，如：擔任警察的家長分享職業角色與工作內容、擔任護士的家長介紹急救法等簡單醫療方法……。因為每個主題教學都是小而美，極容易吸引學生的注意力，如此一來，學生不僅可以學到許多寶貴的課外知識，家長也可以常到學校來關心孩子的學習情形，再加上學校、家長、教師三方面的良性互動，有助於教育事務的宣導與溝通。

表 6 晨光時間規劃實例

實施時間：週一至週五每日早上 8：00～8：10

活動內容 活動時間	活動名稱	內容介紹
星期一	體適能活動	以健康操、帶動唱提振精神
星期二	腦力激盪	藉由益智遊戲活動，讓小朋友動腦
星期三	詩詞欣賞	培養對古今詩詞文學的認識
星期四	閱讀世界	藉由說故事提升閱讀的習慣
星期五	藝術天地	讓小朋友體驗動手創作的樂趣

另外，配合時事，可規劃時事評論時間，教師應用媒體新聞與學生生活經驗相關的案例，讓學生了解國內外大事，以及和學生有切身關係的新聞，並引導學生思考。其次，有鑑於語言的學習應該多練習，也可安排英語（或母語）學習時間，一星期安排數次的班級英語（或母語）學習時間，或是全校英語（或母語）晨光時間，運用早晨時間進行基本的會話，強化學生英語（或母語）聽、說能力。

王怡如（2008）調查臺灣各地區 26 所學校對於學生在校的第一段時間之使用名稱、內容及實施概況，依據 26 所學校學生在校第一段時間名稱使用率而言，獲得資料，按照各校晨光時間的使用名稱與百分比多寡排序，整理如表 7 所示，可供參考。

(三) 排定晨光時間的時間表

晨光活動內容定案之後，緊接著就需要排定晨光時間的時間表。討論內容包含每次課程主題的安排、家長能夠支援教學的時間與人數，以及每次課程所需要的時間等。

表 7 26 所國小晨光時間活動名稱調查結果

使用名稱	百分比（%）
導師時間	25.64
朝會／兒童朝會	12.82
升旗	8.97
晨光時間	7.69
早自習	6.41
晨會	6.41
整潔活動／打掃	6.41
閱讀／共讀	6.41
晨間活動	3.85
晨操／早操	3.85
週／級會	3.85
彈性運用	1.28
社團時間	1.28
師生時間	1.28
多元活動	1.28
學校行事	1.28
愛的叮嚀	1.28

資料來源：王怡如（2008：5）。

除了前述方法之外，也有將晨光時間活動安排全權交由班級親師會負責，或是將整個晨光時間，平均分配給班上所有的家長負責。以上這些方法各有利弊，需要由教師考量班級的情形，以及家長的組成，做最適當的安排。

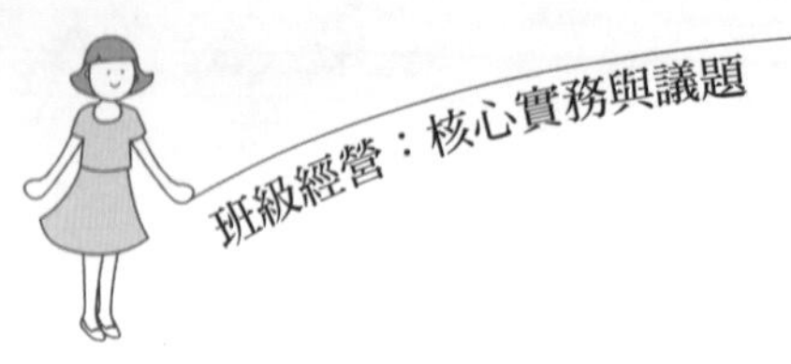

(四) 進行晨光時間的學習活動

晨光時間學習活動安排好之後，就進入實施的階段了。晨光時間按照課表正式上路之後，除了委由家長執行運作之外，教師也要確實掌握課程的輪值情況，倘若有需要調換時間、溝通協調的部分，教師應加以協助。

(五) 進行活動安排與內容修正，並給予家長支持

晨光時間按部就班的進行過程中，教師須視實施情形進行調整，例如視學生的反應調整活動內容，或是遇到節慶與學校活動時，調整進度加以配合。

此外，很重要的一點是，教師需要給予家長鼓勵與支持。班級家長具有各種不同的專長，但是畢竟家長較缺乏教學及班級經營的經驗，老師除了主動關心之外，也可以提供家長一些教學及帶班的建議，或是提供一些具體的協助，讓家長帶活動時更加得心應手。

五、結語

國小課表的「晨光時間」，在正式課程開始之前，由學校、教師、家長參與設計規劃，安排多元的學習活動，使學習變得更生動、有趣，提高學生對學習的興趣，讓學生的身、心都動了起來，對接下來一天的課程能有充分的學習準備。

問題思考

教師在規劃晨光時間活動時，應該考慮哪些因素？

參考文獻

王怡如（2008）。**以家長為師——國小晨光時間活動之探究**。國立高雄師範大學教育學系碩士論文，未出版，高雄。

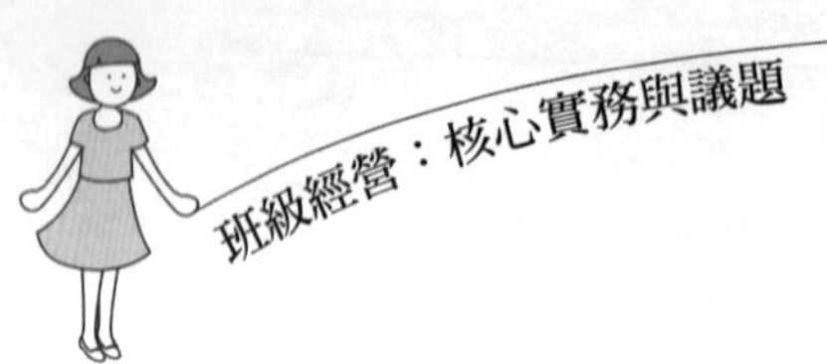

Chapter 12

科任教師的班級經營

學習目標

一、了解科任教師進行班級經營時，可能面臨的困難。

二、能針對科任教師班級經營面臨的困難，提出解決策略。

一、前言

在學校教育中，與學生息息相關的人是老師，但談到班級老師，首先想到的主要是級任老師，可見級任老師在班級中的重要地位，可是對科任教師來說，他們同樣具有教導學生的責任和義務。

以現行國民小學現況而言，語文學習領域（主要是國語）和數學學習領域幾乎都是由導師授課；而其他學習領域，如健康與體育、生活、社會、美術等，多數都是由科任老師授課。因此，科任老師要改變觀念，科任老師也有義務引導學生向善，而不只是將課程教完就好。換言之，不論是級任導師或是科任教師，班級經營是所有教師必備的能力。級任教師是班級經營成敗的主要人物，但是，科任教師同樣具有教導學生的責任和義務。一個班級的經營，也不是只有導師、家長和學生的努力而已，還需要科任教師之間的互相溝通、協調與配合，才會出現比較好的運作成效。

另一方面，科任教師和級任老師在許多工作上有些差別，例如授課節數、與學生相處的時間、與學生家長的聯絡管道等。一般而言，科任教師在班級經營方面比級任教師困難，主要原因在於科任教師對班級學生的不熟悉，無法完全掌握學生的各種動態（林進財，2005）。坊間班級經營的教科書，內容多以級任教師的班級經營為探討對象，很少談及科任教師的班級經營，甚至於僅有寥寥數語帶過。因此，本章即以科任教師的班級經營為主題，探討科任教師班級經營的重點、遇到的困難，以及因應策略。

二、科任教師班級經營的重點

(一) 科任教師的第一堂課

好的開始是成功的一半！「學生對老師的第一印象，是日後教學成功的關鍵」。因此，科任教師在穿著與儀態上，也必須相當講究。例如在服裝上，除要正式端莊之外，還必須依照學習領域或科目的性質穿著不同服裝，譬如體育科任教師必須穿著運動服或較適合運動的休閒服。科任教師穿著合宜，不僅可以給人一種專業的感覺，也可以讓人感受到教師對於授課科目的重視與尊重。

其次，在上課方式與教學策略的運用上，科任教師也必須針對學科性質做不同的調整，激發起學生學習的興趣。例如以英語科任教師為例，因為英語並非我們的母語，且小學生的英語起點行為差異甚大（有些學生在英語系國家長大，從小即熟悉英語，但也有學生到國小才有機會學習英語），這些都是教師在教學前必須先考慮到的。為了不讓學生害怕英文，因此不宜一開始上課就宣布規定「no Chinese」的規定。另外，為了解學生的起點行為，教師可使用「安置性評量」，在第一堂課進行英文小測驗，以了解每位學生的英文程度，作為課程調整的依據。

(二) 認識每位學生

因科任教師任教班級可能有 10 到 20 班，所以要認識每位學生會有一定的難度，不過，還是要朝向此目標邁進。畢竟，當科任教師能夠不看點名簿即可叫出學生的姓名時，會使師生間的關係拉近，增添許多親切感。

(三) 建立班級常規與公約

雖然科任教師上課的時數較少，但還是需要訂定班級常規，讓學生了解科任教室內的一切紀律，並能有效遵守，俾使教師的教學與學生的學習有效。如果是基本的常規，可以沿用班級導師的制度，例如發言前先舉手。另外，也可以依學習領域或科目的不同，建立不同的規定。以下針對幾個較常為科任科目的課程提出一些班級常規的範例。

1. 體育課

(1) 在每次上課前體育股長應先帶領同學做熱身操，以及跑操場兩圈熱身。

(2) 上課之前應先把各種運動器材準備好。

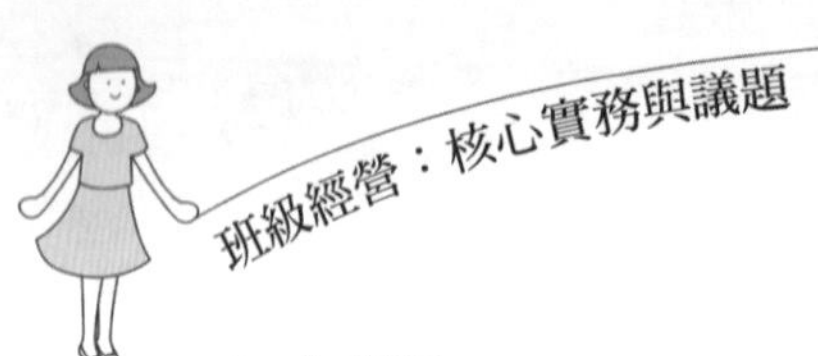

2. 音樂課

(1) 若需帶樂器（如直笛）時，同學應帶自己的樂器。

(2) 維護並愛惜音樂教室裡的樂器。

(3) 音樂課時，老師彈 Do Mi So 代表「起立」，彈「So Mi Do」代表「坐下」。

3. 自然課

(1) 上實驗課時應注意器材的使用，不能任意移動。

(2) 在自然教室裡禁止吵鬧嬉戲，以免發生危險。

4. 美勞課

(1) 應攜帶每週規定的使用用具。

(2) 使用剪刀或美工刀時要注意安全，特別是在傳遞剪刀給他人時，不可將剪刀尖端朝向別人。

5. 英文課

(1) 上課鐘響，英語小老師到教室前面帶領同學朗讀課文。

(2) 上英文課期間應多使用英文交談。

(四) 建立獎懲制度

1. 獎賞

獎賞具有正增強的效果，能激勵學生們努力向上的動力。獎賞的類型有許多種，科任教師必須了解每個班級學生的不同喜好，才能「投其所好」，給予適當的獎賞，達到獎勵的效果。在使用上，教師必須避免僅使用物質性的獎賞，因為這樣容易使學生養成「功利」的習性，或是過度競爭的現象，甚至會造成惡性競爭，反倒失去了「獎賞」的本意了；因此，若能靈活運用精神上的獎賞、社會性的獎賞，會更有效。

2. 懲罰

通常學生都不喜歡被懲罰，特別是在講究「愛的教育」的現今社會中，每位學生都是家長的寶，教師在執行懲罰時，應該取得平衡，即讓犯錯學生可以得到教訓並且學到正確的行為，卻又不讓學生的心理或生理上受到傷害。其次，在對學生實行懲罰之前，科任教師應該讓學生們了解哪種行為是錯誤的，以至於需要受到處罰，但同時科任教師也必須要顧及受罰學生的自尊心。至於懲罰的方式有許多種，如口頭警告、剝奪權利等，若違規的情節嚴重，則可以通知導師或是家長，另做處理。

(五) 營造良好的班級氣氛

營造良好的班級氣氛會提升班級的學習風氣。相較於導師，科任老師與各班同學相處的時間較短，想要營造良好的班級氣氛，關鍵在於老師和學生之間的互動是否良好。科任老師可以多聽聽學生的意見，了解每班學生不同的想法，透過雙向溝通，讓師生關係融洽。

(六) 進行良好的教室布置

一般人的迷思都會以為只有導師需要布置教室，科任教師不需要，其實，良好的教室環境對一個班級的學習效果有很大的影響。科任老師可以針對自己本科專業的知識，進行教室環境的布置，特別是教學素材的運用，可以增進學習的效果。

三、科任教師班級經營可能面臨的困境與解決策略

科任教師雖然沒有如級任導師須負起帶整個班的班級責任，然而因為科任教師必須教許多班級，每週與每個班級學生相處的時間可能只有一到兩節課，相當的少，導致科任教師可能與各班學生較不熟悉；另外，也跟學生的家長較無聯繫互動，皆會產生班級經營上的困境。以下參酌林進財（2005）的研究，並依據作者以前擔任國小科任教師的經驗，以及在學校擔任「班級經營」科目的授課經驗，針對科任教師班級經營可能面臨的困境進行分析，並提出解決策略。

(一) 科任教師因對各班的授課時數較少，對學生較不熟悉

科任教師必須教許多班級，每週與每班學生相處的時間可能只有一到兩節課，教師和學生接觸的機會並不多，可能產生以下問題：

1. 對學生較不熟悉，互動情形也比較差。
2. 對學生學習的情形較不易掌握，再加上課堂時間的間隔長，內容缺乏練習和複習，使學生容易遺忘，所以如何做好班級經營以利課程進行得有效率是非常重要的。科任教師必須花費更多的心思在班級的經營上。
3. 學生對科任課的心態可能會比較不重視，對於科任教師所講的話可能較不順服。

針對以上問題，解決之道如下：

1. 製作班級學生座位表，不但能幫助老師認識學生，也較能掌握

班級學生出席狀況。

2. 針對不同科目進行常規的要求。針對不同科目，可以有不同的常規要求，例如體育老師可以規定學生在老師到達之前，先開始做暖身操或跑操場。
3. 結合導師的力量，對於學習或行為上較有問題的學生，可以請教該班導師了解情況。

(二) 學生對科任課程的刻板印象

部分學生可能存在著刻板印象，認為科任科目都是副科（非屬入學考試科目），是比較不重要的，對於未來的學習發展也沒有太大的影響。也因此，學生的學習表現較為不積極，進而影響到學生對於科任教師的態度，造成科任教師教學上的困擾。

針對以上問題，解決之道如下：

1. 科任教師可以在第一次上課時，給予學生適當的教育，告知學生不論是導師授課的科目，抑或是科任教師授課的科目，對於學生五育均衡發展，都有很大的幫助，藉此建立學生對於科任科目正確的認識。
2. 結合導師的力量，請班導師協助建立學生對於科任科目正確的觀念，對於所有的科任科目都能重視。

(三) 缺交作業以及未帶學用品

有些科任課科目往往需要學生攜帶一些學用品到校，例如美勞用具、音樂課使用的樂器、國語課使用的書法用具等等，然而，因為大部分科任課程每週僅上課一、兩節，間隔的時間較長，若沒有請級任教師或小老師再提醒學生，常會發生學生忘記寫作業或缺交作業，以及未帶學用品，致使學生學習活動受影響，也造成教師上課的困擾。

針對以上問題，解決之道如下：

請班導師或小老師，在科任課上課前一天，再次提醒學生，或寫聯絡簿，提醒要帶的學用品或是應繳交的作業。

(四) 與班級導師缺乏互動

部分科任教師可能因為人格特質較為內向，或是任教班級數較多，導致與各班班導師的互動不足，致使導師與科任教師無法結合力量，共同教導學生。

針對以上問題，解決之道如下：

1. 尋求與級任老師互動的機會

科任教師應該尋求各種與各班導師互動的機會，例如利用教師晨會、升旗集會時間，與班導師溝通聯繫，或是多參與校內的教師聚會活動，增加與導師的熟識度，以了解各班學習情況，以及各班行為較為特殊的學生。

2. 徵詢級任老師意見，參酌其處理方式

在常規以及獎懲制度方面，科任教師的常規與獎懲制度，可以大部分參酌班導師的規定。另外，針對學習領域性質的不同，進行微調，如此，一方面可使學生容易了解與遵守，另一方面，也可因應各學習領域的不同特性。

3. 開學時和導師先進行溝通

除了請求導師協助外（如收作業、提醒學生帶學用品……），也對該班班上學生背景與特質能有較深的認識。

(五) 缺乏與家長直接溝通的管道

科任教師不像級任教師有聯絡簿、班級通訊錄可以與家長進行溝通，所以家長易忽略小孩在科任課的表現行為；其次，一般人可能會有一種誤解，認為和家長溝通應該是導師的責任，科任教師不應踰越職權。因此，較常見的情況都是透過級任教師轉達，但是，間接轉達可能造成溝通不足或不良的情況發生。

針對以上問題，解決之道如下：

1. 科任教師可踴躍參與各任教班級所舉辦的班親會，除了讓家長了解自己的教學理念外，也能藉機認識家長，甚至於得到家長在教育學生上的協助。
2. 科任老師可以經導師協助，將學生的學習狀況書寫於聯絡簿上，請家長協助和配合。

(六) 兼任繁雜的行政工作

許多科任教師除了要準備教學之外，還要兼任繁雜的行政工作，常常會因為行政工作壓縮教學備課的時間，或因為需要開會、出差研習的情況，必須調課或請人代課，造成授課的不穩定。

針對以上問題，解決之道如下：

1. 做好時間規劃與管理

科任教師必須做好時間規劃與管理，妥善運用時間，以兼顧教學與行政工作。

2. 以教學為首要工作

科任教師無論多麼繁忙，還是必須以學生的學習為優先考量，切不可因為行政工作繁忙， 導致無法備課或上課，進而影響教學品質。

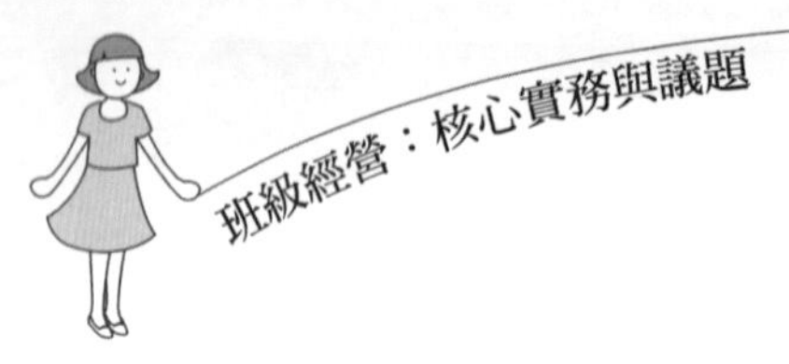

四、結語

無論是班級導師或是科任教師，共同的教學信念就是把學生教好；換言之，班級經營不只有導師的責任，科任教師也應負起職責，都應該有一套自己的班級經營理念與做法。

由於科任教師對於各個班級的授課時數較少，與學生之間的互動也相對少，因此，科任教師是否能把一個班的班級經營做好，關鍵點在於科任教師是否具備這樣的責任心與熱情。如果科任老師具備有效的班級經營策略與技巧，克服科任教師在班級經營時常遇見的困境，將能使學生聚精會神於課堂上，營造良好的互動氣氛，進而有效達成教學目標。

問題思考

科任教師在班級經營遇到的困境中尚有一點，即學生比較聽導師的話。對於科任教師的話，學生有時會有不聽從的情形發生，該如何解決？

參考文獻

林進財（2005）。**班級經營**。臺北：五南。

Chapter 13

班級讀書會與指導兒童閱讀

學習目標

一、了解班級讀書會的組成與運作。

二、能進行有效的兒童閱讀指導。

一、前言

兒童的閱讀能力與未來的學習成就有很密切的關係，兒童閱讀經驗愈豐富、閱讀能力愈強，愈有利於各方面的學習。然而，根據新聞報導，兒童的閱讀書報率大大地降低。兒童課餘的時間，大部分用在看電視、玩電腦、打電動玩具上。對於長期接受各種多媒體聲光影像快速刺激的學生而言，感官刺激的快感，淹沒了閱讀過程中那種因思考與想像而達到的精神層次的滿足；面對知識爆增的時代，各種書籍出版品琳瑯滿目，讓人有不知如何選擇之感；更令教師和家長憂心的是，面對逐漸開放的出版環境，我們難以了解現在的孩子們所正在閱讀吸收的到底是什麼樣的書籍作品。面對文字閱讀習慣逐漸沒落的e世代，如何幫助其找回閱讀的美好經驗，用細緻敏銳、想像無窮的態度接觸令人驚嘆的文學作品，顯然是值得教師和家長深思的課題。

閱讀是一項重要的基本技能，人類大多靠閱讀來獲得知識和訊息。為了挽救兒童的語文能力，增強兒童的文化素養、思維能力，指導兒童閱讀是刻不容緩的事。社會上，不論是政府機關、教育機構或一般民眾，大家都很關注兒童的閱讀問題：行政院文化建設委員會將 2000 年定為「兒童閱讀年」；前教育部長曾志朗一上任即強調閱讀的重要性，大力推動「兒童閱讀運動」，希望從小扎根，培養兒童的閱讀習慣，同時鼓勵親子共讀，營造豐富的閱讀環境；教育行政主管機關有鑑於閱讀的重要性，推動「偏遠地區國民中小學閱讀推廣計畫」、「悅讀 101——教育部國民中小學閱讀提升計畫」等政策；全國許多國小也陸續推動「書香小博士」、「小書蟲」等活動鼓勵學生閱讀。以下首先說明教師籌組班級讀書會應該注意的重點；其次，融合筆者平時在學校指導學生閱讀的經驗與專家學者的研究，提出指導學生閱讀的方法；最後提出我國在提倡兒童閱讀時，社會各層面應有的配套措施。

二、班級讀書會的成立與運作

班級讀書會是國小學生在教師的引導及帶領下，透過共同材料的閱讀，進行分享與討論的學習活動。其最大的功能在於藉著成員之間的「分享、討論、對話」，激發讀書會成員擴展自己的視野，提升閱讀能力，以及培養良好的閱讀習慣。

(一) 班級讀書會的成立目的

成立班級讀書會，主要有以下目的（俞名芳，2003）：

1. 透過讀書會提升學生閱讀的興趣。
2. 透過讀書會擴展學生閱讀經驗。
3. 透過讀書會提升學生閱讀能力。
4. 擴充教學內容，延伸學生閱讀與思考。
5. 透過閱讀理解結合學生經驗，以建立自己的人生觀。
6. 透過讀書會增進師生與同儕之間互動。
7. 透過讀書會的合作思考學習，發展學生的閱讀策略。

(二) 班級讀書會的籌組過程

籌組班級讀書會，主要過程有以下幾點：

1. 訂定班級讀書會目標

目標應簡單、明確，容易了解。例如：培養學生閱讀優良課外讀物的習慣，或是指導學生如何正確閱讀書籍，訓練基本的鑑賞能力，提升語文發表能力，增進學生創造思考的能力。

2. 招募成員

一般讀書會人數 4～8 人皆可運作，但是以國小讀書會來說，還是以全班學生為主，透過分組來進行。

3. 選擇聚會地點

學校圖書室、視聽教室，或輪流在讀書會成員家裡進行皆可。

4. 訂定聚會的規則

決定聚會時間，可多久舉行一次？進行時間多久？日期如何訂定？最好用一至二節課連續完成（低年級可以一節、中高年級則以二節較佳），例如利用作文課、社團活動等時間進行。

5. 選擇合適的書

由簡單的、貼近學生經驗的讀物開始，進而加深文學層次，逐步提升學生閱讀品味。也可從有趣的生活故事、成長故事開始，進而到文學經典名著或國際得獎作品。除了閱讀書籍，可搭配影片的觀賞，許多書籍會拍成動畫或電影，可在閱讀文本後觀賞影片，使學生更身歷其境，引起更多的啟發。內容方面要有益學生身心發展，同時注意印刷、紙張、字體大小，紙質不佳、油墨不均勻、字體太小或印刷效果極差的書籍，會傷害孩童的視力。如以年級來區分，選擇適合閱讀的文類，如表 8 所示。

表 8 各年級學生適合閱讀的文類

	適合文類
低年級	圖畫書（繪本）、兒歌、童詩童謠、童話、神話、生活故事、生活知識類。
中年級	圖畫書、童詩、童話、神話、寓言、歷史故事、生活故事、傳記、短篇小說、散文、知識類小百科。
高年級	童話、神話、寓言、歷史故事、生活故事、傳記、小說、散文、科普叢書、兒童哲學、兒童戲劇。

資料來源：王淑芬（1999）。

6. 推選召集人與導讀人

召集人一般來說是以各級任老師擔任為主，至於導讀人部分，老師或熱心的家長都可以擔任導讀工作，甚至可以指定閱讀能力強的高年級學生來擔任，老師再從旁協助。

7. 導讀活動

導讀是文本閱讀的前置作業，具有暖身作用，用來協助學生了解閱讀材料，目的在於引起閱讀興趣、了解內容大意、指出閱讀方向和思考重點。導讀可分為幾種類型（方隆彰，2003；王淑芬，1999）：

(1) 照本宣科型

將材料內容的重點依內文順序整理後，逐項逐句唸出來。

(2) 提綱挈領型

將內容消化後，依材料內容順序整理成大綱，在導讀時僅做重點提示，不做詳細介紹。

(3) 重新組合型

導讀者用心閱讀、消化後，打破材料原來的架構，將內容重新整理，以更精簡且容易理解的架構呈現出內容的精要。記錄的方式可以採表格式，表格內容包含主要角色、重要時地、重要事件、重要物（語）、其他。

(4) 結構對話型

導讀人不直接介紹內容，而是用提問的方式，帶動大家預習材料，無形中讓成員開口，漸漸進入討論前的準備。問題可分兩種，直接從書中挖掘出來的題目，以「為什麼」作為開頭；或由書本延伸出來的題目，以「如果……」進行引領。

8. 班級讀書會的延伸

(1) 撰寫讀書筆記

目的在讓學生於精讀一本書後，能確切掌握自己從中學到什麼，並培養學生批判思考的能力。

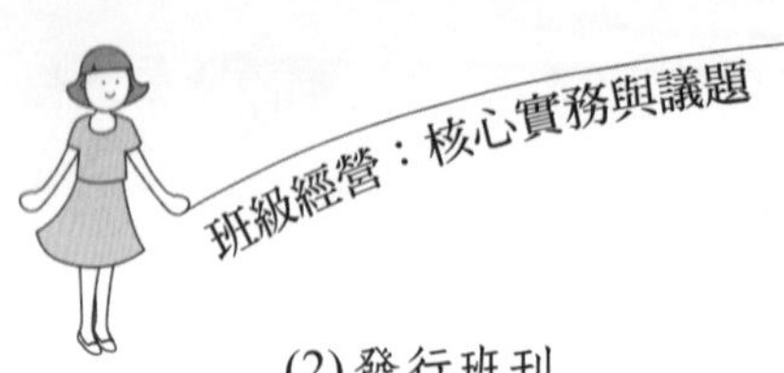

(2) 發行班刊

各班級讀書會成員所撰寫之閱讀心得、討論及活動紀錄等相關資料，由圖書股長蒐彙成冊。班級讀書會之心得寫作由指導教師評閱寫作優良者，交圖書館彙編「班級讀書會專刊」。

(3) 舉行學生讀書心得發表會

舉行學生讀書心得發表會的目的主要是讓學生回饋其閱讀經驗，並將整本書做一整體回顧，讓學生在與別人交流閱讀經驗時，可以享受到智慧激盪的樂趣。此外，透過這樣的讀書心得發表，強化孩子的溝通能力，也培養學生九年一貫課程所強調的規劃、組織及實踐的基本能力。

(4) 成立網路讀書會

在網站上建立圖書館網頁，便於網上查詢，提供書目查詢、新書查詢、圖書館介紹資訊。網上推薦閱讀書單，供教師、家長及學生參考。鼓勵上網意見交流，成立網路讀書會。

三、成立班級讀書會的注意事項

教師在成立班級讀書會時應注意到：(1)班級讀書會並不需特別強調它的語文功能，讀書會的重點應該是「情意」方面的陶冶。(2)接受學生的任何理解，包括「誤讀」，但是教師要適度加以引導。(3)氣氛更重於閱讀的實際收穫。不要在乎學生看完書後，能記得多少內容，重要的是經由這樣的活動，有沒有引發學生閱讀的熱情與喜好。(4)重質不重量，不要因為成立班級讀書會，卻變質而形成學生的壓力。(5)注意責任轉移，一開始，負責導讀的家長或教師是主導者，後來應慢慢轉變成為協助者，將責任移轉給學生。

四、指導兒童閱讀的方法

教師在成立班級讀書會之後，更重要的是必須了解如何指導學生閱讀，才能發揮班級讀書會的功能。以下針對指導兒童閱讀的方法加以說明。

(一) 將閱讀與課業結合

1. 利用閱讀提升學生作文能力

例如教師可以提供一些好的文章供學生閱讀。

2. 鼓勵學生寫閱讀心得

可以配合作文教學，鼓勵學生把讀後的感想寫下來，即使是學生覺得不合理、有意見的地方，都可以鼓勵他們一吐為快！如此，不但可以訓練學生寫作，也是加強閱讀的重要方式。

3. 輔導學生將閱讀內容說出來

可以配合說話教學，讓兒童把讀到的作品，有條理而生動地表達出來。

4. 鼓勵學生蒐集課業的相關資料

每一門功課都會有獨立的主題，主題多半針對擴展學生的生活經驗，或和生活有所關聯。教師可以利用課程主題引導學生蒐集相關資料，不但有助於閱讀能力的提升，也讓學生參與課程內容。

5. 協助學生由課本中衍生課後閱讀

例如自然與生活科技領域的學習，教師可引導學生閱讀相關書籍、雜誌等等，如此，課程會變得更有趣、更豐富，學生也較容易接受與理解。

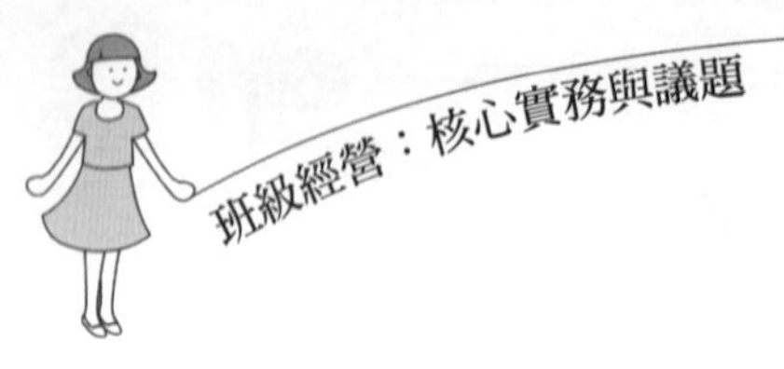

(二) 鼓勵學生大量閱讀

1. 教師可運用獎勵卡、貼紙等鼓勵學生閱讀。
2. 學生閱讀過的書本，教師可指導學生分組演出。
3. 教師將學生寫的閱讀筆記、心得報告或製作的插圖等，舉辦展覽會觀摩。
4. 頒授書香獎：例如累積閱讀一百冊書，頒「書香小學士獎」；累積閱讀兩百冊書，頒「書香小碩士獎」；累積閱讀三百冊書，頒「書香小博士獎」。
5. 讀書排行榜：學校方面，可以鼓勵全校各班學生課外閱讀，如全班閱讀冊數經圖書室統計達到標準者，給予獎狀鼓勵，得獎愈多者，就能有更多的機會至圖書室進行閱讀活動。

(三) 設計情境誘導學生閱讀

教師可以設計各種情境，引導學生閱讀。例如訂購《國語日報》或兒童優良讀物，放在學生容易翻閱的地方，讓學生可以在下課時閱讀；除了每週一節的閱讀課外，可以另外安排固定閱讀時間（例如教師晨會時間），讓學生閱讀；教師講述書籍內容，講到最精彩的地方，賣個關子停住不說，要學生自己去閱讀，找出結果；或者是和作家有約，由學校出面邀請作家到校演講，與學生互動。

(四) 成立圖書角及班級書庫

由於學生閱讀能力發展的層次以及興趣有所不同，在學習環境中應該盡量讓他們隨手可以取得適合其閱讀興趣與發展層次的各種閱讀資源。在教室布置時，最好能規劃出一個班級圖書角；另外，發動家長捐書或提供書籍，充實班級書庫。當然，教師應先審查書籍是否適合學生，再由學生閱讀。同時每週或每月統計書籍，了解閱讀狀況。

(五) 輔導兒童熟悉閱讀理解的策略（林清山譯，1990）

1. SQ3R

坊間許多探討閱讀策略的書籍，多半會提到SQ3R的策略，該策略建議閱讀者使用五個步驟來閱讀新的文章——瀏覽（Survey）、發問（Question）、閱讀（Read）、複述（Recite）、複習（Review）。先「瀏覽」，再「發問」，接著細緻地「閱讀」，然後以問題為綱，說出大意的「複述」，最後是重讀文章，回答問題的「複習」。此種有問、有思的方法，是很常見的一種閱讀法。

2. REAP

有學者主張閱讀者應試著將文章轉譯為自己的文字，透過閱讀（Read）、編碼（Encode）、註解（Annotate）、審思（Ponder）四個步驟，嘗試用自己的話語去重述文章的意義、做摘要，並加以複習。

3. DRTA

有學者特別提出引導閱讀思考活動（Directed Reading Thinking Activity, DRTA）的策略，建議讀者先預測文章可能探討的是什麼，再進行細讀、查證的步驟，以增進閱讀理解。

4. ReQuest

同樣的，有學者建議加強提問的訓練，讓閱讀者有機會練習形成問題並回答有關這篇文章的問題。

在學習閱讀的過程中，指導兒童適當的停頓是必須的，這樣可使讀者在閱讀時進行推論不常見字彙的意義，進而將語句資料整合成一完整的訊息。換句話說，教師必須幫助學生確認和精確預測、澄清觀念、注意關鍵字彙、評估思考，並從正文建構意義。為了達到這些目標，藉著告訴學生讀到一個特別的停止點（a stopping point）來中斷學生的閱讀是必須的。教師可用三個問題使學生集中焦點於他們的思考和建構意義（Hyde & Bizar, 1989）：

1. 最初的預測有多準確？（到目前為止發生了什麼？）

   這屬於後設認知的部分，也就是讀者能覺察自己的閱讀歷程。

2. 你認為接下來會發生什麼？

   教師要求學生評估、修正他們的預測。

3. 故事的什麼證據使你如此思考？

   目的在幫助保持學生的思考過程以故事為基礎。

(六) 重點標示法

教師也要指導兒童標示閱讀材料的重點，加強閱讀效果。例如指導兒童用螢光筆或原子筆，畫出閱讀材料中的重點、佳句或疑問處，增強兒童對閱讀材料的理解、記憶或思辨力；指導兒童在文章上面或旁邊的空白處，摘述扼要內容或評論；準備空白卡片，記載閱讀內容大意或佳句，以供日後溫習或欣賞（陳正治，2001）。此外，筆者認為教師還可以指導學生練習寫出文章的結構，抓住文章的重點。

五、提倡兒童閱讀的配套措施

林天祐（2001）指出，美國兒童閱讀運動結合社區圖書館、學校圖書館、家庭以及社區資源，形成一個閱讀網絡。參考美國的經驗，筆者認為我國在推動兒童閱讀運動時，除了學校裡教師的閱讀指導外，社會各層面也應有其他的配套措施。

(一) 教育行政主管機關方面

教育行政主管機關應推動相關措施，諸如圖書館專業人員之編列、適切的獎勵制度，以及此一政策可能衍生出城鄉差距的問題等，提出因應的策略。

(二) 大學方面

大學的功能除了教學、研究外，還有社區服務的功能，因此，在寒暑假期間，各大學可以選派自願或工讀的學生進駐圖書館，協助指導兒童閱讀。

(三) 社區圖書館方面

社區圖書館可以扮演推動與執行的多樣角色，例如提供家長與閱覽有關的訊息並介紹優良兒童讀物、推薦適合各年級學生閱讀的書籍、提供家長閱讀指導要領，讓家長知道如何指導孩子閱讀。另外，小學圖書館因受限於經費，藏書量有限，要解決這個問題，可參考美國加州聖塔巴巴拉市市立圖書館的做法。該市立圖書館每週四會開巡迴車到校園，讓學生借閱學校圖書館中所沒有的書籍（林

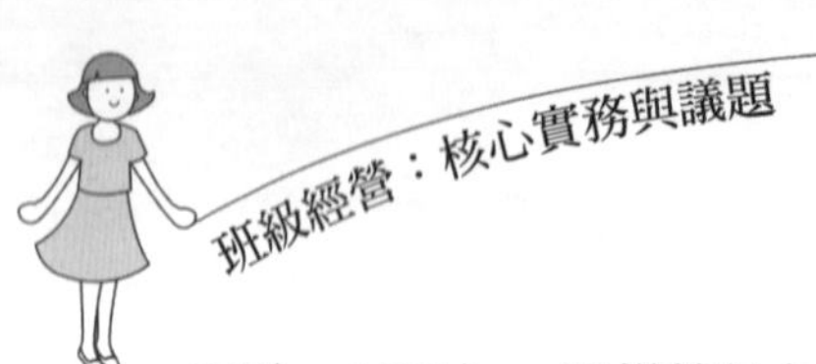

天祐，2001），這樣等於無形之中擴充了學校圖書館的藏書量。

(四) 學校圖書館方面

如果客觀條件允許的話，國小的圖書室在假日時也開放給學生閱覽。一來可以物盡其用，善用學校圖書館的資源；二來也可讓家境較不富裕、買不起書的學生有更多的閱讀機會。

(五) 家長方面

家長扮演著引導兒童走入閱讀世界的重要角色。在兒童成長的階段中，親子共讀是很重要的。家庭共讀一本書，讓父母從自己的角度培養孩子閱讀的興趣，孩子一旦養成閱讀習慣，自然將閱讀融入生活中。因此，家庭中親子共同閱讀習慣的培養是相當重要的。

(六) 鼓勵社區及廠商贊助

各個學校都努力想增加學校圖書數量，可請學生家長自由捐獻，或鼓勵社區民眾或廠商樂捐，或協助學校辦理閱讀活動。畢竟有了社區的參與支持，推動兒童閱讀運動才容易成功。

(七) 規定兒童讀物標示等級

出版商對於出版的兒童讀物，應標示等級、註明適合閱讀的兒童年齡，以方便家長選購。而圖書館對於兒童書籍，也應標示等級，方便學生選擇適合的書籍借閱。

六、結語

閱讀係一切學習的主要基礎。兒童藉由閱讀吸取知識、促進學習與成長，並可透過閱讀，獲得興趣，豐富生活。及早對學生進行正確的閱讀指導，更有助於腦力的開發、語言的發展，同時陶冶性情、變化氣質。希望在大家關心兒童閱讀之際，除了出版社多出版好書，學校、家長多購買好書外，教師和家長亦應以身作則，養成閱讀的習慣，同時了解如何指導學生閱讀，培養學生良好的閱讀習慣，讓學生從小在充滿書香的社會中長大。

班級讀書會的成立，提供給教師另一個班級經營策略，經由閱讀運動的提倡，可以提升學生的語文能力及創造力，藉由閱讀與討論，孩子開始懂得思考。

師生可以分享閱讀的喜悅，在經營的歷程中，可以感覺孩子的成長與改變。因此，教師應該理解班級讀書會有其重要性，以及推行班級讀書會的方法與經營方式，使班級讀書會持續的推廣，最後讓學生愛上閱讀，達成讀書會的目的。

問題思考

教師在指導班級讀書會時，可能遇到的困難有哪些？如何加以克服？

參考文獻

王淑芬（1999）。**不一樣的教室——如何推展「班級讀書會」？**。臺北：天衛文化。

方隆彰（2003）。**讀書會結知己**。臺北：爾雅。

林天祐（2001）。提高兒童閱讀興趣的策略——美國加州聖塔巴巴拉市的經驗。**教育資料與研究，38**，12-15。

林清山（譯）（1990）。R. E. Mayer 著。**教育心理學——認知取向**（Educational Psychology: A cognitive approach）。臺北：遠流。

俞名芳（2003）。**班級讀書會理念融入本國語文教學實施型態之研究**。國立花蓮師範學院國民教育研究所碩士論文，未出版，花蓮。

陳正治（2001）。怎樣指導兒童閱讀。**教育資料與研究，38**，5-7。

Hyde, A. A., & Bizar, M. (1989). *Thinking in context: Teaching cognitive processes across the elementary school curriculum*. New York, NY: Longman.

Chapter 14

營養午餐教育

學習目標

一、了解營養午餐的發展歷史。

二、了解與營養午餐有關的教育活動（用餐禮儀教育、衛生教育）。

一、前言

因應社會環境變遷，一般家庭多為雙薪家庭，家長無暇準備孩子的午餐，因此由學校代為供應營養午餐，一方面能增進學生同儕間和師生間的情感；另一方面，希望學生能吃得營養健康，養成良好的衛生習慣，並在用餐中表現出良好的禮儀。

二、營養午餐的發展歷史與辦理模式

我國營養午餐發展歷史如下（吳仁宇，1992；教育部，1992）：

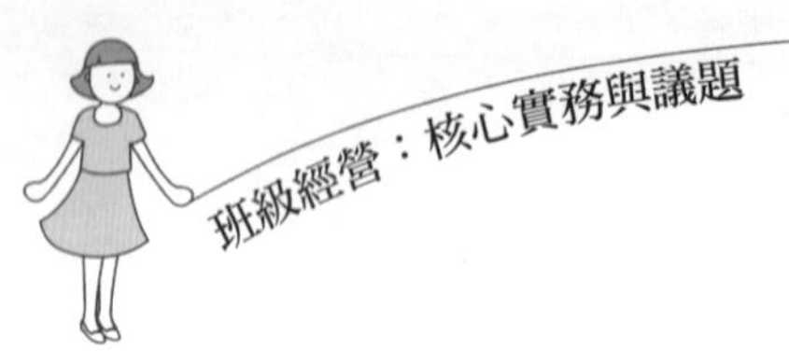

(一) 萌芽期

臺灣省政府教育廳與中華民國農村復興委員會合作，於 1954 年在全省國民小學推廣營養教育，同時推行食用酵母片、飲用脫脂奶粉以及種植蔬菜、木瓜、番石榴等；於 1955 年與內政部衛生司及農復會聯合舉辦全國第一次營養展覽會，以「食物與營養」為主題在臺北市展出一個多月；並於 1957 年在全省舉辦營養教育巡迴展覽會及以全國國小校長及教師為對象的短期講習，逐步推展學校午餐工作之準備事宜。

(二) 實驗期

臺灣省政府教育廳於 1957 年與農復會合作，運用美國天主教及基督教福利會贈與之美援物資，選擇五所山地學校（屏東縣三地、佳平、北葉、石門及桃園縣介壽國小）為營養教育示範學校並供應學生午餐。爾後逐年增加午餐開辦的學校：1963 年擴充為一百校；1964 年美國國際安全分署援助我國大量農產食品，供應午餐校數增為二百餘校，用餐學生人數二十萬人；1965 年世界農糧組織撥贈援助食物，供應午餐校數增為四百餘校，供應地區遍及全省山地漁村及偏遠學校。各個午餐供應學校均設有午餐專用廚房、餐具，並訂定供應制度。

(三) 自立期

1972 年，我國退出聯合國，美援農產品隨之停止供應，全國人民基於莊敬自強、處變不驚之自立精神，毅然繼續自立辦理學校午餐。至 1981 年辦理學校午餐的國中有 70 校，國小有 436 校，用餐學生人數 289,700 餘人。其中值得一提的是，午餐品質日漸提升、廚房規模擴大、廚具設備更新，且逐步以機械動力操作，節省人力。此時為提供學生不同的營養需求，特別於全省選定 12 所中小學成立麵食供應中心，供應麵包、麵條、饅頭、花捲等麵食，供應鄰近地區午餐學校學生食用。教育部在 1973 年 2 月制定學校午餐自立計畫，負責學校午餐之制定計畫、編列預算、監督指導全國國民中小學辦理學校午餐事宜。

(四) 發展期

1982 年，教育部開始推動一系列「發展與改進國民教育計畫」，其中將「擴大並改善學生午餐計畫」納入重點發展工作。從此正式將辦理學校午餐所需人力、設備與經費，由各級地方政府自行編列預算支應，使各地方政府能持續且積極的辦理學校營養午餐的供應。

教育部近二十年來有關營養午餐之政策歸納如下（吳仁宇，1997）：

1. 1991 年至 1996 年 6 月，教育部實施「第一期發展與改進國民小學學校午餐五年計畫」。
2. 教育部於 1996 年 6 月後繼續展開「第二期發展與改進學校午餐五年計畫」，此階段主要任務是將國民小學的學校午餐供應校數提高至 80%，主要重點強調「低油、低糖、適當熱量」，以期學校午餐的辦理更加完善。
3. 1998 年，教育部推動「學校衛生發展中程計畫」，其中的重點目標之一為「改進學校餐飲制度，落實學生飲食教育」。

除上述發展之外，2002 年，立法院三讀通過《學校衛生法》

第 23 條，明訂學校供應膳食者，應提供衛生、安全及營養均衡之餐食，實施營養教育，並由營養師督導及執行。高級中等以下學校，班級數 40 班以上者，應至少設置營養師一人；各縣市主管機關，應置營養師若干人。主管機關得因應山地、偏遠及離島地區之需要，補助國民中小學辦理午餐；其補助辦法，由各該主管機關定之。

在中小學學校午餐辦理的型態，依各縣市政府的政策、各校環境和資源條件的不同，有不同的辦理方式，目前國中小學供應午餐分為公辦公營、公辦民營、中央廚房或外訂餐盒等四種方式：

1. **公辦公營**

由校長指派教師擔任午餐祕書，承辦學校午餐工作，包含食品採購、指導廚工烹調、營養教育、午餐費收繳與菜金結算。在班級數較多的學校由幾位教師一起分攤工作，小規模的學校則由午餐祕書一人承擔。

2. **公辦民營**

由學校設置餐廳廚房設備，每年進行招商承辦學校午餐工作，學校組織管理委員會監督。承包商則負責食材採購、烹調及廚工管理，由學校擬定菜單、收費與結算。

3. **中央廚房**

由數校聯合辦理，委由中心學校主辦午餐工作，再分送供應周邊鄰近學校。

4. **外訂餐盒**

學校不設置廚房，只設置蒸飯設備，學生自行攜帶便當，或是學校公開招商，由合格便當廠商每月接受學生訂購或是送便當到學校販賣。

三、學校營養午餐供應之內容

學校午餐供應給學生食用之食物包括主食與副食，學校午餐食譜必須慎重設計，主食（米飯或麵食類）與副食（魚、肉、水果、蔬菜）應適當輪流替換食用，以滿足學生飲食需求（陳秀梅，2007）。

(一) 主食

每日主食學校安排輪替供應，以變化口味。米食類可供應白米飯、五穀飯、糙米飯、炒飯等；麵食類包括饅頭、花捲、麵包等；另有學校供應西式的漢堡。

(二) 副食

大多為三菜一湯，一道以魚肉類為主的主菜、一道綜合副菜、一道蔬菜，提供學生適當均衡的營養，有些學校會視午餐費結餘情形供應牛奶及自製豆漿。

四、學校營養午餐用餐指導

教師配合學校政策，在指導學生營養午餐時，進行以下活動：

(一) 統整教學

加強營養午餐教育與各學習領域統整教學，根據課程綱要在健康與體育、自然與生活科技、美勞、音樂等課內實施統整教學。

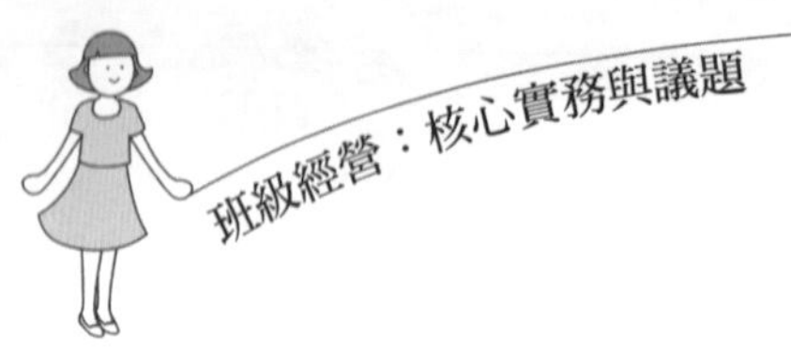

(二) 營養教育部分

1. 培養學生健全的用餐習慣，矯正學生偏食的不良習慣。
2. 實施家庭訪問，提醒家長注意學生在家用餐是否能攝取均衡的食物。
3. 公布營養分析表（如表 9），使學生了解食物之營養成分與健康之關係。

表 9 營養教育——六大類食物分類與舉例

食物類別	食物舉例
五穀根莖類	白飯、麵條、冬粉、玉米、地瓜、馬鈴薯、蓮子、蓮藕、薏仁、紅豆、綠豆、玉米、山藥、花豆、米苔目、饅頭、麵包、土司、蘇打餅乾、蘿蔔糕、小湯圓、泡麵、油條、燒餅、豬血糕
蔬菜類	菠菜、莧菜、秋葵、高麗菜、空心菜、紅鳳菜、青江菜、茼蒿、青椒、茄子、青花菜、大番茄、蘆筍、玉米筍、海帶、木耳、紫菜、髮菜、豆芽、竹筍、冬瓜、絲瓜、蘿蔔、洋蔥、牛蒡、四季豆、甜豌豆、香菇、洋菇、金針菇
水果類	橘子、番石榴、香蕉、草莓、木瓜、芒果、聖女番茄、柚子、葡萄、鳳梨、棗子、蓮霧、美濃瓜、西瓜、楊桃、釋迦、梨、桃子、櫻桃、龍眼、荔枝、奇異果、山竹、榴槤
蛋豆魚肉類	蛋、豆腐、黃豆、魚、蚵仔、蝦、蟹、文蛤、章魚、花枝、牛肉、豬肉、火腿、雞肉、鴨肉
奶類	牛奶、羊奶、優酪乳、起司、優格
油糖鹽	巧克力、布丁、糖果、冰淇淋、加味水、稀釋果汁飲料、運動飲料、奶球、奶油、沙拉醬、沙茶醬、蛋黃醬、番茄醬等調味醬料

4. 布置有關營養教育之圖片及食物。
5. 學校每學期舉行營養常識測驗乙次，表揚表現優異學生。

(三) 衛生教育部分

1. 加強推行洗手運動，飯前、飯後洗手。
2. 推行潔牙運動，飯後要刷牙漱口。

(四) 用餐禮儀教育部分

師生共進午餐，實施機會教育，培養學生良好的飲食習慣及進餐禮儀，取餐與用餐時不語，並向廚工人員與打飯菜服務同學道謝。

(五) 配套措施

1. 學生一律有享用營養午餐的權利，但若學生需要取用更多的食物，應在全班學生領取完餐點後，再做第二次領取。
2. 若有學生因家中經濟情況因素，無法繳交營養午餐費用，教師應設法加以協助，透過學校相關基金的補助，或家長會的協助，使家境清寒的學生可享用營養午餐。
3. 基於惜福、不浪費食物的理念下，若有剩餘的食物，教師應鼓勵學生打包帶回家，不應浪費。

五、學校營養午餐流程與指導重點

營養教育對身心發育時期的兒童和青少年是重要的一環，學校徹底實施營養教育達到各種效果，如：營養知識的傳授，進食禮儀的培養、衛生習慣的訓練、心理衛生的增進等（陳秀梅，2007）。以下將教師指導學生營養午餐活動的流程與重點，分析如表 10。

表 10 營養午餐活動的流程與重點

搬運餐食	
運送菜飯過程	1. 依班上學生人數分為小組，輪流擔任午餐服務工作，負責搬運飯桶、湯桶與菜桶。 2. 教師應提醒學生在搬運時，禁止嬉鬧奔跑，避免打翻。 3. 低年級因年紀較小，由高年級同學或廚工人員協助。
用餐前	
個人衛生	1. 收拾桌上的課業用品並拭淨桌面。 2. 餐具清潔與擺放。 3. 餐前洗手。
用餐環境	1. 播放柔和音樂或古典音樂： 午餐時間播放柔和音樂或古典音樂，可讓學生靜下心來依序排隊、安靜用餐，有助於消化。 2. 進行機會教育： 教師指導營養午餐時，常遇到的困擾是學生挑食或偏食的問題，因應策略是，教師可嘗試在相關課程或等待全體就位用餐時，播放「飢餓三十」相關影片，讓學生體認到食物的珍貴，養成惜福和不浪費的觀念。
排隊取餐	教師指導學生取用食物，應安靜排隊遵守秩序。
感恩惜福	教師帶領學生感謝廚工人員和午餐服務同學的辛勞，準備開動。
用餐中	
供應的食物	1. 注意食物是否新鮮。 2. 注意牛奶盒及食物包裝上的保存期限及食物標誌。
均衡的飲食	指導學生均衡飲食，特別是注意偏食學生。

表10 營養午餐活動的流程與重點（續）

用餐禮儀與習慣	指導學生用餐禮儀，包括用餐順序、速度、姿勢及餐具的正確使用方法： 1. 坐姿端正，與桌子保持適當距離。伏著吃，姿勢斜歪，或翹腳或以手托著下巴盤膝均不是良好的進食姿勢。 2. 進餐中不隨意離開座位。 3. 養成細嚼慢嚥的習慣。 4. 避免菜湯外溢。 5. 正確使用餐具，用餐時不發出噪音。 6. 養成不偏食、不過量的好習慣。 7. 口中有食物時，請勿交談。 8. 掉落在地面的食物不可再食用。 9. 食物如果有異味，應立即停止進食，立刻向老師與學校反應。 10. 進食時，嘴裡的食物不宜過多，將碗端起以碗或匙就口。 11. 不因挑食就只選取自己喜歡的食物，若有不喜歡吃的食物，可以少量慢慢食用。 12. 如有較特殊食物，教師應在餐前提醒並指導正確安全的吃法。例如：細刺較多的魚，請學生單獨專心咀嚼，不與其他食物同一口吃，以免無法分辨魚刺而卡在喉嚨。 13 水果或飲料應在教室內食用完畢，不要拿到教室外食用，更不可邊走邊吃。 14. 用餐時若有賓客到訪，應該禮貌的請賓客一起用餐。
潔牙與衛生工作	指導學生餐後潔牙與衛生工作： 1. 指導學生做好垃圾減量及分類，如將空牛奶盒壓扁、剩菜處理等。未吃完的食物，集中進行「廚餘」回收，做好分類工作。 2. 餐具要依照種類分別收拾，油膩的餐具與不油膩的餐具分開清洗，才會省時間。

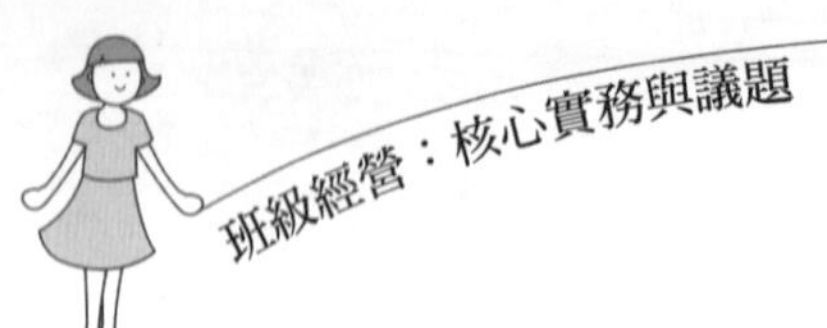

表 10 營養午餐活動的流程與重點（續）

	3. 桌面要收拾乾淨。 4. 用完餐後要刷牙漱口，避免蛀牙。教師應該告訴學生正確的潔牙方式，也可指定一位學生負責監督。 5. 刷牙後將牙刷、杯子的水分瀝乾，再放入櫃子裡。 6. 使用含氟的漱口水清潔口腔，並將使用後的用具放回原位。 7. 用餐後避免劇烈運動，以免影響消化。 8. 教室地板清潔乾淨。

問題思考

一、每日的營養午餐若有剩餘，教師應該如何處理？

二、學生在吃營養午餐時，若有偏食或挑食的情形，教師應如何處理？

參考文獻

吳仁宇（1992）。學校午餐新紀元——發展與改進國民小學學校午餐五年計畫。**師友月刊**，**300**，45-50。

吳仁宇（1997）。我國學校午餐現況與未來發展的取向。**現代肉品**，**27**，2-6。

教育部（1992）。**發展與改進國民小學學校午餐五年計畫**。臺北：教育部。

陳秀梅（2007）。**中部地區國民小學不同營養午餐經營模式之調查研究**。國立臺中教育大學教育學系教育行政與管理碩士在職專班論文，未出版，臺中。

Chapter 15

人權與班級經營

學習目標

一、了解人權教育的理念、目的與內涵。

二、能從法律觀點與教育觀點分析教師是否可搜查學生物品。

一、前言

人權理念與人權教育（human rights education）是近幾年來各界關心的熱門話題，也是政府機關努力推動的目標，例如總統府成立了「人權諮詢小組」。教育部為了推動人權教育，於 2001 年頒布「教育部人權教育實施方案」，以推動人權教育，保障學生基本權益、培養人權素養。另外，在國民中小學九年一貫課程中，將人權教育列為七大議題之一，透過人權教育環境的營造與學校教育，協助學生澄清價值與觀念，尊重人性尊嚴的價值體系，並於生活中實踐維護與保障人權。

雖然政府機關努力推展人權理念與人權教育，但是在教育界幾項事件仍引起社會大眾對校園人權的關注，例如學校人員是否可以搜索學生物品，引發輿論熱烈的討論，由此也可看出校園人權的現況仍有許多值得探討的問題。因此，本文首先說明我國推動人權教育的理念、目的與內涵；其次以校園常見的學校人員搜索學生物品事件為實例，探討這些事件所引發的人權問題。

二、人權教育的理念、目的與內涵

由人權概念的發展，吾人可以了解人權是以尊重人性為出發點，推展人權的概念就是在促進教育理想的實現，因此如何在校園實施人權教育、發展人權概念，乃是非常重要的課題。尤其教育部推動國民中小學九年一貫課程，除七大學習領域外，又將人權議題納入六大議題之一，融入教學實施，更格外顯示出人權教育的重要性。以下從人權教育的理念、目的與內涵三層面加以探討。

(一) 人權教育的理念

在人權教育的理念方面，「人權」是我們每一個人都應該享有的權利與自由。人權是人與生俱來的基本權利和自由，不論其種族、性別、社會階級皆應享有的權利，不但任何社會或政府不得任意剝奪、侵犯，甚至應積極提供個人表達和發展的機會，以達到尊重個人尊嚴及追求美好生活的目標。因此，人權教育實際上是關乎人類尊嚴的教育，也就是在幫助我們了解「人之所以為人」所應享有的基本生活條件，包括生理、心理及精神方面的發展，也讓我們檢視社會上有哪些問題是違反人類尊嚴，以及涉及公平、平等的問題，如種族主義、性別歧視等議題，從而採取行動，解決問題，去除阻礙人權發展的因素，建構一個美好的社會（教育部，2001a）。吳清山與林天祐（2000）也持相同的觀點，其認為人權教育在引導民眾對不同族群、不同階級、不同地域的個人與群體予以尊重與容忍的教育理念與措施，目的在透過人群之間的互相尊重與容忍，創造溫馨和諧的社會，進而促進世界的和平。

(二) 人權教育的目的

在人權教育的目的方面，推動人權教育目的在於保障學生基本權益、培養人權素養，促進不同族群間相互尊重、包容與關懷，進而為我國人權文化的發展扎根（教育部，2001b）。仔細加以分析，人權教育目標可分為認知、情意與行為三方面，目的在於讓學生對人權有一恆久、正向且一致的態度取向，將人權內化為普通常識與生活習慣（教育部，2001a）。吳清山與林天祐（2000）也認為，人權教育的目的應包括容忍與尊重態度的建立、人權知識的認知，以及人權概念的實踐等情意、認知、技能三個層面。至於人權教育課程目標分為（教育部，2001a）：

1. 認知層面：了解人權存在的事實、基本概念、價值等相關知識。
2. 情意層面：發展自己對人權的價值信念，增強對人權之正面感受與評價。
3. 行為層面：培養尊重人權的行為以及參與實踐人權的行動力。

除了容忍與尊重態度的建立、人權知識的認知，以及人權概念的實踐等情意、認知、技能三個層面的目標外，推動人權教育亦能加強人民守法觀念，有助於法治社會之建立。蔡明殿（2004）指出若是在教導國民守法的義務時，也給予相當的人權教育，使其尊重他人的生命權、自由權等等，可減少侵犯他人權利的情形以及加強守法的觀念。郭靜芳與陳明和（2004）也指出當臺灣進入後現代社會後，呈現出反主體、反理性與反專業的現象，轉而趨向頌揚歧異、走向多元、追逐另類、享受感官的種種跡象，加上大眾傳播媒體與數位化科技的影響，驅使年輕人只要享有權利卻不願意盡義務、注重感官而不重視心靈、把握當下又無法思考未來、沉迷表面而放棄追求深度。再加上學校教育功能無法發揮，導致校園問題、社會問題不斷發生。而落實人權教育能對人文精神失落的年輕新世代，提供一個多元尊重、關懷與尊嚴的觀念，除了重視個人的尊嚴，追求個人價值外，對於他人也能尊重、關懷、接納與包容，如此才能建立民主法治社會。

為達成上述人權教育的目標，人權教育應由生活做起。周碧瑟（2004）認為人權教育應落實在日常生活中，教育國人「尊重自己、尊重別人」的重要性，培養國人具有尊重與包容的高貴情操。吳清山與林天祐（2000）認為在教育過程中，應從尊重他人權利為起點，將人權教育的內涵融入於學校教育各個領域，並擴及家庭、社會教育當中，而且要保障教授人權課程之教師人權自由。

(三) 人權教育的內涵

至於人權教育，其內涵可定義為：藉由教育的設計與作為，讓每一個人能夠且願意主張自己的權利，同時也能夠且願意尊重他人的權利；建立人權文化的社會，每個人能主張自己的權利，也尊重他人的權利，並進而關心整體政治、經濟、文化的發展，形塑一個逐漸趨近正義的社會。人權教育的內涵包含以下五項（教育部，

2001b）：

1. 能夠主張（尊重）自己的權利

個人明確知道自己於各種社會情境下的權利，同時也能夠（有足夠的社會技巧與相關能力）主張自己的權利。

2. 願意主張（尊重）自己的權利

知道自己的權利並能夠主張自己的權利之外，還需要有足夠的意願（動機）促發自己主張自己的權利。

3. 能夠尊重（接受他人主張）他人的權利

個人明確知道他人於各種社會情境下的權利，同時也能夠（有足夠的社會技巧與相關能力）接受他人主張其權利。

4. 願意尊重（接受他人主張）他人的權利

有足夠的意願（動機）促發自己接受他人主張其權利。

5. 關心整體政治、經濟、文化的發展，形塑一個逐漸趨近社會正義的社會

個人「知道」、「能夠」，且「願意」關心整體的政治、經濟、文化等各方面的發展，藉以使整個社會逐步朝向具正義的社會。

三、校園人權與學校人員搜索學生物品

學校或老師是否可以檢查學生書包或是信件等私人物品，持正反意見的人都大有人在，以下分別從法律觀點與教育觀點分析之，同時也供教師在經營班級時作為參考。

(一) 法律觀點

《刑法》為落實憲法保障基本人權與隱私權，訂有以下條文。《刑法》第 307 條：「不依法令搜索他人身體、住宅、建築物、舟、車或航空機者，處二年以下有期徒刑、拘役或三百元以下罰金。」第 315 條：「無故開拆或隱匿他人之封緘信函、文書或圖畫者，處拘役或三千元以下罰金。無故以開拆以外之方法，窺視其內容者，亦同。」

不過，教師可以基於教育之目的，對於學生的權利作適當之限制，而不會被認為違法。只是老師不可以任意為之，一定要在有相當理由懷疑學生攜帶之物品是違禁品或足以影響學生專心學習或干擾教學活動進行之情形下，才可以進行檢查。而所謂有「相當理由足以懷疑」，例如由該物品外觀就可以查知是違禁品，或是依據其他學生之具體檢舉（檢舉內容如不具體，仍不能認為有相當理由），或是該學生已出現極為不正常之狀況（如因吸毒而精神恍惚）等等，才符合「合理懷疑」之要求。此外，在進行檢查時，更應注意符合比例原則，不得逾越必要之程度（民間司法改革基金會／法治教育小組，無日期）。

秦夢群與游步威（2004）根據美國聯邦法院判例，歸納出美國學校搜索學生基本原則如下：

1. 校方搜索學生的主要依據包括代理父母權的主張，以及學校紀律與秩序維持的必要性。校方對於紀律和秩序的維持，可以對學生進行搜索並對學生的隱私權有所限制。
2. 合憲的搜索須具備「合理理由」或「合理懷疑」的要件或經學生同意。

3. 從美國法院的見解，可知法院在判決學校對學生的搜索案件，所採取的標準較為寬鬆。一般政府行政人員或警察的搜索，必須要有搜索令並有「相當理由」，才可以進行搜索。但是校方對學生的搜索只要合乎「合理理由」或「合理懷疑」，就可進行搜索。
4. 學生本人若是出自自由意志，同意接受搜索，則學校的行為就不至於侵犯其隱私權。
5. 在搜索方面，校方有權以「合理理由」搜索學生。在搜索時，應告知搜索之原因與程序。
6. 搜索的理由宜與行動之大小配合。

綜合前述法律的觀點來看，校方可以在具備「合理理由」或「合理懷疑」的要件，或是經學生同意，對學生進行檢查或搜索，也就是在「合理的懷疑」之下，可以對學生進行檢查。但是應注意符合比例原則，不得逾越必要之程度。

(二) 教育觀點

從教育的觀點來看，教師可能希望藉由檢查學生私人物品來了解學生之行為，但是教師的檢查行為，是否有其必要，的確需要審慎考量。畢竟，教師的角色與職權在教育學生，不同於以糾舉犯罪為主要職責的警察或檢察官。

因此，如前所述，除非校方或教師有明顯的證據，例如從書包外觀可明顯看出學生攜帶違禁品，或是有發生危險的急迫性等必要的情形外，校方或教師的檢查或搜索，都必須先考量檢查行為的正面及負面影響，評估是否能確實達到教育的目的，在維護學校安全以及維持良好的師生關係間取得一平衡點，以免在無意中侵犯了學生的隱私權而不自知，甚至造成師生間的緊張與對立，而破壞了師生間的和諧關係。

綜合上述，校方在明顯懷疑學生可能攜帶危險或違禁物品之情形下，可依照一定程序檢查學生的物品。任意檢查學生的私人物品，會有侵害學生隱私權之虞。

四、結語

推動人權教育的工作牽涉廣泛，除了透過政府部門、學術界、社會團體與學校共同努力，同時，教師在班級經營時，也必須具備正確的人權教育理念，透過檢視並轉變教育體系內有侵害人權的文化，真正塑造校園人權文化。

問題思考

由法律與教育的觀點，剖析校園髮禁政策是否有侵害學生人權之虞。

參考文獻

民間司法改革基金會／法治教育小組（無日期）。**人權教育電子報第九期**。2010 年 3 月 5 日，取自 http://www.hre.edu.tw/REPORT/epaper/no09/topic4.htm

吳清山、林天祐（2000）。人權教育。**教育資料與研究**，**37**，99。

周碧瑟（2004）。人權教育落實生活中。**教育資料與研究**，**59**，2-9。

秦夢群、游步威（2004）。美國學校搜索學生類型與原則之研究：以聯邦法院判例為主。**教育研究集刊，50**（2），1-28。

教育部（2001a）。**國民中小學九年一貫課程暫行綱要六大議題**。臺北：作者。

教育部（2001b）。**教育部人權教育實施方案**。臺北：作者。

郭靜芳、陳明和（2004）。九年一貫人權教育課程綱要之分析——以後現代教育哲學觀點為例。**研習資訊，21**，49-56。

蔡明殿（2004）。人權與法治教育的觀念與實踐。**教育資料與研究，59**，10-16。

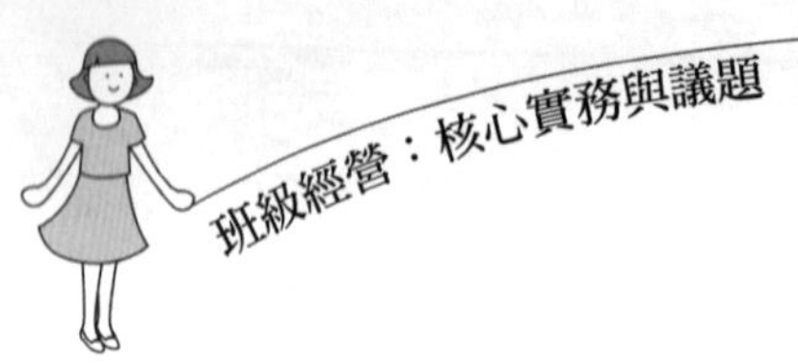

Chapter 16

環境教育

學習目標

一、了解環境教育的意義與目標。

二、能將環境教育融入各學習領域教學與班級經營活動中。

一、前言

為求環境教育的普及與深化，促進國民了解個人及社會與環境的相互依存關係，增進全民環境責任與倫理，讓社會朝永續的方向發展，我國《環境教育法》已於 2010 年 6 月 5 日公布（行政院環境保護署，2010），並於 2011 年 6 月 5 日世界環境日開始施行，使我國成為第六個將環境教育立法的國家，這項作為展現了我國政府與民間推動環境教育的信心與決心。此外，學校教育也積極在推動環境教育，九年一貫課程將七大議題之一的環境教育融入各學習領域中，確實是推動學校環境教育的重要機會，因此，教師在進行教學或班級經營時，也應了解環境教育的意義與目標，並適時將環

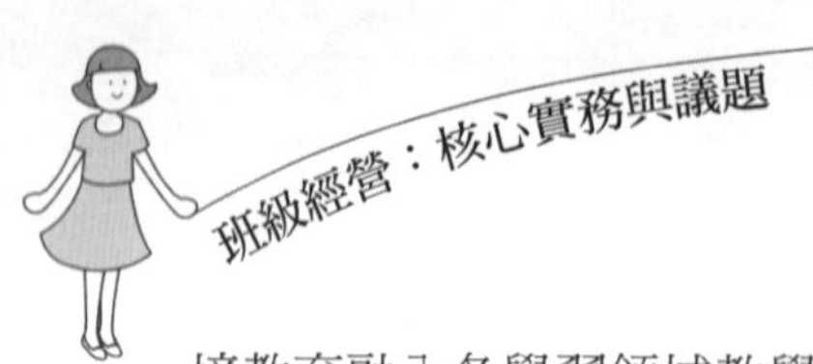

境教育融入各學習領域教學與班級經營活動中。

二、環境教育的意義與目標

在二十一世紀，環境教育的領域延伸到了各個領域。雖然環境教育是一個新興議題，但是世界各國對於環境教育課程卻是不斷的蓬勃發展（Wilson, 2000）。最初的環境教育試圖影響單一個人和社區為主要目的（Volk & Cheak, 2003）。然而，人類活動對自然環境的影響日漸加重，環境問題對人類生活空間的衝擊及威脅，已由地區性轉為區域性，甚至全球性；在資源利用上，也將對後代產生影響（王鑫，1998）。當環境遭受到一定程度的破壞時，人類就必須關心環境並展開環境教育的工作。

關於環境教育的意義，周儒（1993）認為環境教育是一種為了環境保育而實施的教育，藉以教導人類關愛環境、善用並珍惜自然資源、維護自然生態與有效解決環境問題的教育。在環境教育的目標方面，王鑫（1998）認為，環境教育的目標是為了使全民皆能認識環境問題，了解並關切資源與生活環境之關係，進而成為維護生態平衡及環境品質的實踐者，以達到資源永續利用，並使世代享有安全與健康的生活環境。張子超（2000）也持類似的看法，認為環境教育的目標在使學生能夠認識而且關懷都市和鄉間有關經濟的、社會的、政治的與生態的相互關係，並經由適當知識、技能、態度、動機及承諾的養成，建立個人、群體和社會整體對環境的新行為模式，解決現今的環境問題，並預防新問題的發生，進而促成永續發展。

綜合學者的看法，環境教育的目標在認知方面，在使全民認識到環境問題，了解並關心自然資源與生活環境之關係；在情意方面，旨在養成學生愛護自然環境的態度；在技能方面，則希望培養學生解決環境問題的行動技能。

另外，環境教育的實施可透過社會教育、學校教育和家庭教育三方面進行，其中學校教育的效果最佳，尤其是國中小學階段（汪靜明，2000；張子超，2000）。不同年齡層在實施環境教育時，有不同的目標與重點：幼稚園與低年級的重點在覺知及態度方面，希望藉由教育喚醒兒童對環境的覺知，並培養兒童積極正向的環境態度與價值觀；中高年級，則希望學童除了擁有正向的環境態度外，也能獲得正確的環境概念知識；國高中階段時，則希望學生擁有正向的環境態度外，也能學習環境技能（韓名瑋，2001）。

由上可知，環境教育希望學生能具備適當的環境知識、態度和技能，並能運用知識解決環境問題，而在不同學習階段所強調的環境教育教學目標與重點有所不同，國中階段除了環境概念知識之外，也希望學生能具備環境技能。

三、環境教育議題內涵與主題

以下分別說明環境教育議題的五項內涵與十一項學習主題。

(一) 環境教育議題五項內涵

環境教育議題五項內涵為：環境覺知與環境敏感度、環境概念知識、環境價值觀與態度、環境行動技能及環境行動經驗（教育部，2003）。

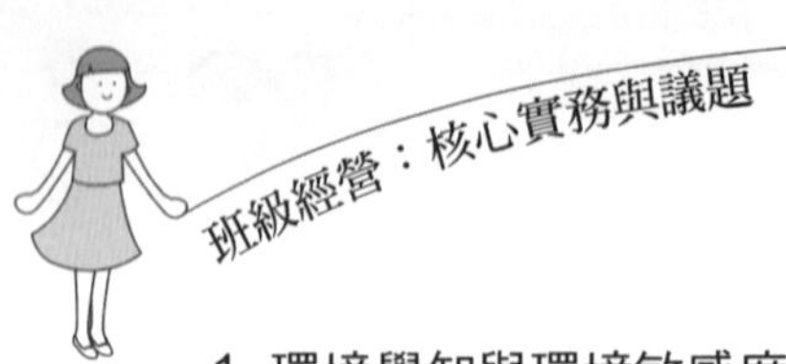

1. 環境覺知與環境敏感度

經由感官覺知能力的訓練（觀察、分類、排序、空間關係、測量、推論、預測、分析與詮釋），培養學生對各種環境破壞及污染的覺知，與對自然環境及人為環境美的欣賞與敏感度（教育部，2003）。Chawla（1998）認為對環境問題的了解及敏感度，為引發日後對於環境活動參與的重要影響因子之一。

2. 環境概念知識

教導學生了解生態學基本概念、環境問題（如溫室效應、土石流、河川污染……）及其對人類社會文化的影響（永續發展、生物多樣性）；了解日常生活中的環保機會與行動（如資源節約與再利用、綠色消費、非核家園……）（教育部，2003）。Chi、Feltovich與Glaser（1985）認為，學生解決問題能力的培養也有賴於相關學科知識的支持，因此，如何在課程中安排相關的學科知識也是重要的一環。

3. 環境價值觀與態度

藉由環境價值觀的教學與重視，培養學生正面積極的環境態度，使學生能欣賞和感激自然及其運作系統，欣賞並接納不同文化，關懷弱勢族群，進而關懷未來世代的生存與發展（教育部，2003）。Baird、Fensham、Gunstone與White（1991）認為讓學生認識環境遭受破壞的情形，能引發學生對於環境態度的省思。

4. 環境行動技能

能歸納思考不同區域性環境問題的原因與研判可能的解決方式，並且能規劃、執行個人和集體的校園清潔活動，或組織學校及社區的環境保護、關懷弱勢族群活動（教育部，2003）。

5. 環境行動經驗

將環境行動經驗融入於學習活動中，使教學內容生活化，培養學生處理周遭問題的能力，使學生對社區產生歸屬感與參與感。Ahlness（1999）、Caton、Brewer 與 Berkey（1998）、Stolting（1998）及 Widegren（1998）等人的研究都顯示，透過學生參與相關議題的活動，除了顯示學生認同相關概念之外，也提供幫助學生整合學科知識的機會。

環境教育於各個學習領域中，必須完整包括這五項內涵，才能落實環境教育的理念（張子超，2000）。

(二) 環境教育議題十一項學習主題

根據九年一貫課程綱要，環境教育議題除上述五項內涵之外，並含括十一項學習主題，包括：人類行為對環境之衝擊、自然與人為環境之體驗、生態學基本概念、環境議題內涵、生活環保、環境倫理、社會正義與永續發展、環境議題調查、環境活動規劃、參與在地環境活動、全球環境問題探究等十一項，如表 11（教育部，2003）。

表 11 環境教育內容分析類目與說明

內涵 （主類目）	主題 （次類目）	環境教育內容說明
環境覺知與環境敏感度	人類行為對環境之衝擊	體驗周遭環境問題（如土石流、資源有限、核污染、能源……），使學生覺知人類行為對自然與人文社會環境造成的衝擊，人類的生存依賴自然資源的提供，人類應負起對環境的責任。
	自然與人為環境之體驗	經由感官覺知能力的訓練，培養學生對自然環境與人為環境美的欣賞與敏感度。
環境概念知識	生態學基本概念	生態學是研究生物與其生存環境之間相互關係的科學，使學生了解基本的生態學概念。
	環境議題內涵	了解生活周遭和國際性的環境議題的內涵，並深入探究對人類社會與發展的影響。
	生活環保	了解日常生活中的環保機會與行動，如能源節約、資源保育、簡樸生活、綠色消費、廢棄物減量、核污染……等。
環境價值觀與態度	環境倫理	培養正面積極的環境態度，欣賞和感激自然及其運作系統。以及了解人與環境互動互依關係、尊重環境中各類生物的生存價值，及人與生物間的倫理關係，包括人類中心倫理、生命中心倫理與生態中心倫理。
	社會正義與永續發展	欣賞並接納不同文化，關懷弱勢族群，進而關懷未來世代的生存與發展。

表 11 環境教育內容分析類目與說明（續）

內涵（主類目）	主題（次類目）	環境教育內容說明
環境行動技能	環境議題調查	能歸納思考不同區域性環境問題的可能原因，並運用科學方法研究解決環境問題的可行策略，並能善用問題解決策略，解決環境問題。
	環境活動規劃	能規劃、執行個人和集體的校園清潔活動，或組織學校及社區的環境保護、關懷弱勢族群活動。
環境行動經驗	參與在地環境活動	參與學校社團和社區環境保護活動，關心環境保護與弱勢族群生活。
	全球環境問題探究	了解國際性的環境議題，並能參與調查研究與環境行動。

資料來源：整理自教育部（2003）。

四、班級經營活動落實環境教育的做法

現行環境教育採融入各學習領域進行教學，但檢視各學習領域各版本教科書可以發現，環境教育概念主題教材分配不均，各學習領域（科）以「環境覺知與敏感度」、「環境概念知識」兩個面向的次數最多，「環境議題調查與解決之道」、「校園與社區環境規劃」、「全球環境問題探究」等三項主題偏少。為解決此項問題，教師在進行班級經營活動時，可朝以下方向進行，以落實環境教育目標。

(一) 師生參與環境教育相關活動

《環境教育法》第 16 條明定：「各級教育主管機關應督導所屬學校運用課程教學及校園空間，研訂環境學習課程或教材，並實施多元教學活動，進行學校教職員工及學生之環境教育。」第 19 條也訂定：「機關、公營事業機構、高級中等以下學校及政府捐助基金累計超過 50%之財團法人，應於每年 1 月 31 日以前訂定環境教育計畫，推展環境教育，所有員工、教師、學生均應於每年 12 月 31 日以前參加四小時以上環境教育。」因此，各校師生每年應參與四小時以上的環境教育課程，如演講、影片觀賞、體驗、實驗（實習）、戶外學習、參訪、實作等多元化的教學活動，以培育教職員工以及學生具有充足之環境教育技能與經驗，方能有效達成《環境教育法》所揭櫫的立法目標。

(二) 教師統整設計主題教學活動以落實環境行動技能和經驗

因「環境行動技能」和「環境行動經驗」這兩項環境教育內涵在現行各學習領域教科書中呈現比例偏低，必須配合活動來進行教學，因此，教師可將各學習領域呈現的環境教育內容，統整其他學習領域相關內容，設計成主題教學，透過戶外教學活動或彈性學習節數來實施，以加強學生環境行動技能和環境行動經驗。

其次，在環境教育十一項主題中，環境活動規劃、參與在地環境活動和全球環境問題探究，在各學習領域各版本都甚少呈現相關內容。建議教師可指定與這些主題相關的書籍資料，或者指導學生應用各類工具書及網路，蒐集、運用資訊，讓學生能從閱讀過程

中，來探討與了解環境相關議題，並且能思考在地與全球環境問題的原因及可能的解決方式。

(三) 善加運用校內外環境資源

針對各學習領域各版本教科書皆較缺少環境行動經驗與環境行動技能的共同問題，教師在進行環境教育時，應走向開放式的學習，積極與校外資源建立連結，將學生的學習環境從校園擴大至社區。因此，除運用校內環境資源外，更應妥善規劃與運用校外的環境資源，例如社教機構、自然生態環境、地方文史工作室、地方研究團體、環保團體、師資培育機構等，利用校內外環保活動、野外實察、戶外教學或社區服務等，提供學生第一手學習經驗的機會，以補充教科書較少呈現的環境行動經驗。藉由整合運用校內外環境資源，豐富環境教育課程的內涵，以培養學生環境行動技能，增加環境行動經驗。

問題思考

因各學習領域各版本教科書皆較缺少環境行動經驗與環境行動技能，教師在進行環境教育時，應積極與校外資源建立連結，將學生的學習環境從校園擴大至社區。教師可以運用的校外環境教育資源有哪些？

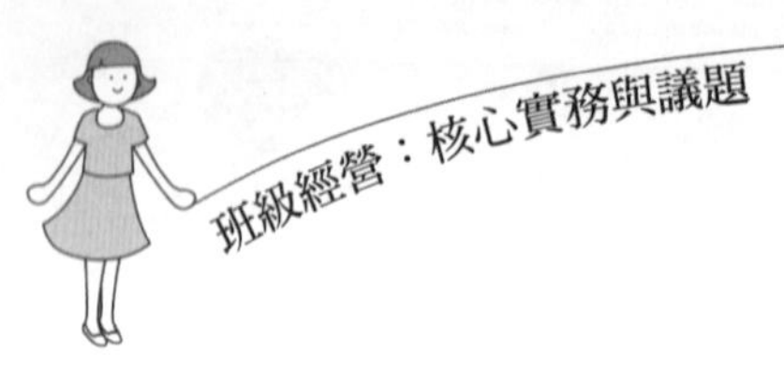

參考文獻

王鑫（1998）。**全國環境教育計畫整合及推行計畫報告書──我國環境教育發展簡史**。臺北：中華民國環境教育學會。

行政院環境保護署（2010）。**環境教育法**。2011 年 2 月 12 日，取自 http:// ivy5.epa.gov.tw/epalaw/index.aspx

汪靜明（2000）。學校環境教育的理念與原理。**環境教育季刊，43**，11-27。

周儒（1993）。環境教育規劃與設計。**環境教育季刊，16**，17-25。

張子超（2000）。九年一貫課程環境教育融入的內涵與教學。**臺灣教育，589**，12-21。

教育部（2003）。**國民中小學九年一貫課程綱要**。臺北：作者。

韓名璋（2001）。**現行國小自然科教科書有關環境教育教材之研究**。國立花蓮師範學院國小科學教育所碩士論文，未出版，花蓮。

Ahlness, M. (1999). The earth day groceries project. *Science and Children, 36*(7), 32-35.

Baird, J. R., Fensham, P. J., Gunstone, R. F., & White, R. F. (1991). The importance of reflection in improving science teaching and learning. *Journal of Research in Science Teaching, 28*(2), 163-182.

Caton, E., Brewer, C. A., & Berkey, J. (1998). Pipeline to environmental awareness. *The Science Teacher, 64*(4), 46-50.

Chawla, L. (1998). Significant life experiences revisited: A review of research on sources of environmental sensitivity. *The Journal of Environmental Education, 29*(3), 11-21.

Chi, M. T. H., Feltovich, P. J., & Glaser, R. (1985). Categorization & representation of physics problem by expert and novices. *Cognitive Science, 5*, 121-152.

Stolting, J. C. (1998). Orange grove recycling: Environmental awareness and vocational training services. *The Exceptional Parent, 28*(4), 58-62.

Volk, T. L., & Cheak, M. J. (2003). The effects of an environmental education program on students, parents, and community. *The Journal of Environmental Education, 34*(4), 12-25.

Widegren, O. (1998). The new environmental paradigm and personal norms. *Environment and Behavior, 30*(1), 75-100.

Wilson, T. L. (2000). Environmental education in the 21st century: Theory, practice, progress and promise. *The Journal of Environmental Education, 31*(3), 40-42.

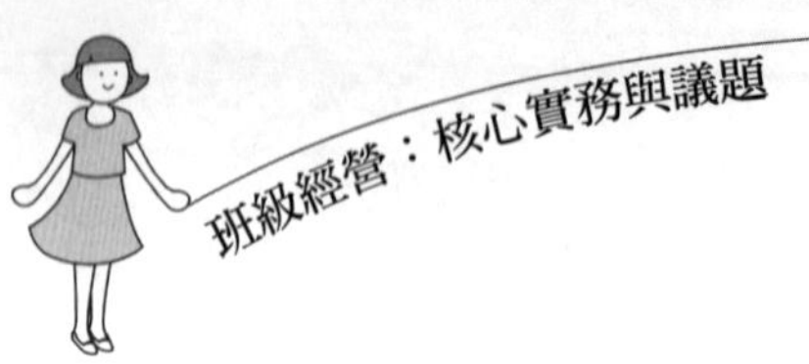

Chapter 17

節能減碳與低碳旅遊教育

學習目標

一、了解節能減碳與低碳旅遊的意涵，及兩者的發展趨勢。

二、能教導學生如何進行節能減碳，並規劃符合低碳目標的旅遊行程。

一、前言

隨著環境保護與經濟發展並進理念逐漸成為普世價值，「永續發展」已從抽象與宣示的層次逐漸轉化為具體實際的行動，並成為許多國家或地區調和經濟發展、環境保護與社會公平正義之原則。而近年來在「永續發展」的議題中，「全球暖化」問題特別受到關注。為了地球及人類的未來，全球興起為地球降溫的各項呼籲與措施，其中以降低溫室氣體中二氧化碳（CO_2）排放及減少運用石化燃料以減緩或改善全球暖化現象的各項作為最為積極且具體（許欣榮，2009）。為減緩全球暖化的問題，以及追求「永續發展」的原則，推動節能減碳等相關政策有其需要性。

在我國方面，根據國際能源總署（International Energy Agency）2009 年統計，1990 至 2005 年間臺灣地區每年人均二氧化碳排放量，在十五年間增加率為 110%，高居世界第一，被評等為「不良」（poor），造成國際形象受到不良影響（蕭登元，2011）。政府為因應全球暖化現象，推動許多措施。政府於 2005 年召開「全國能源會議」，2006 年召開「國家永續發展會議」及「臺灣經濟永續發展會議」，分別從能源、環境、經濟等三面向檢視氣候變遷政策的議題。馬英九總統於 2008 年也提出「節能減碳」，行政院 2008 年亦推動「政府機關及學校全面節能減碳措施」，已具成效（行政院，2008）。惟為促進政府機關及學校更積極規劃節能減碳做法、編列相關預算並落實執行，經濟部（2011）推動「政府機關及學校四省專案計畫」，除省電、省油及省水外，再擴大範圍將省紙一併納入。秉持「當省不用、當用不省、節約使用」的原則，將節能減碳觀念融入工作及生活中每一個細節，以發揮示範效果，使節能減碳成為全民運動。

其次，近年來在「永續發展」的議題中，「全球暖化」問題特別受到關注。2008 年世界觀光組織（World Tourism Organization, UNWTO）發布《氣候變化與旅遊：應對全球化的挑戰》，首次全面評估旅遊與氣候變化間的相互影響，針對旅遊需求模式的改變、全球旅遊碳排放量及緩解氣候變化的措施等方面提出看法。其後，聯合國環境規劃署（United Nations Environment Programme, UNEP）聯合 UNWTO 根據《達沃斯宣言》（Davos Declaration）及第二次氣候變化與旅遊國際會議的結果，明確提出各國旅遊應該要走向低碳旅遊（low-carbon tourism）。鑑於全球暖化的問題日益嚴重，生存於地球的人們，勢必要考慮「永續發展」的原則，如何減緩全球暖化的問題，是當前的首要議題（陳世賢，2009）。

在觀光領域，目前我國也漸漸朝向低碳旅遊的形式發展觀光，如臺北市政府所推廣的微笑單車、觀光局規劃的「臺灣好行」配套旅遊，以及各縣市政府在各風景區所興建的自行車道等，其目的就是要建構具有「綠色旅遊概念」的旅遊產品。在臺灣鐵路局方面，響應政府推動環保低碳足跡履行政策，也在 2007 年積極推廣自行車（鐵馬）愛好者利用鐵路運輸進行自行車騎乘活動，以臺鐵列車超低碳排放量，加上騎乘鐵馬（自行車）零排放，旅行過程環保、健康而且是低碳足跡的活動方式。新北市政府設立的「低碳旅遊中心」，提供低碳旅遊諮詢，並有自行車租借點及低碳飲食諮詢等查詢服務。新北市坪林鄉也成立「低碳觀光發展協會」，全鄉共同推動發展低碳觀光。

有鑑於推動節能減碳與低碳旅遊的重要性與迫切性，為使低碳社會能確實落實，必須先從中小學學生的教育著手。以下先介紹節能減碳與低碳旅遊的意涵；其次，分析節能減碳與低碳旅遊教育的實施理念；最後，提出進行節能減碳與低碳旅遊教育的實施內涵與配套措施。

二、節能減碳教育

節能減碳教育是一新興且國際性的重要教育課題，鑑於全球暖化的問題日益嚴重，生存於地球的人們，勢必要考慮「永續發展」的原則，如何減緩全球暖化的問題，是當前的首要議題。在人類社會逐漸面臨能源危機、氣候異常之今日，節能減碳受到格外重視。

但節能減碳需要全人類之共同行動，無法單靠個別國家的努力來達成，教育則是人類共同行動的根基，因此，節能減碳教育之重要性不言可喻。2005 年《京都議定書》（Koyoto Protocol）正式生效，主要工業國家都已納入規範，這是人類歷史上首次以法規的形式限制溫室氣體排放；我國雖非《京都議定書》的締約國，但政府也把節能減碳列為重要政策之一（王如哲、黃月純主編，2011）。在行政院「國家節能減碳總計畫」中，十大標竿方案之一即為「深化節能減碳教育」。

節能減碳教育的最終目的在於培育具有「節能」及「減碳」素養的公民，並於日常生活中實踐（李岱衛，2010）。在各級學校節能減碳教育方面，我國早在 1995 年由教育部與經濟部公布的「加強國民中小學能源教育實施辦法」中，即強調國民中小學能源教育及學生能源素養之培養。2002 年，經濟部和教育部又聯合公布了「加強中小學推動能源教育實施計畫」（王如哲、黃月純主編，2011）。在中小學部分，近十多年來在教育部以及教育局政策推動下，執行低碳校園與低碳教育已有豐碩成果（國立臺灣師範大學機電科技學系能源教育推廣小組，無日期）。相較之下，大專校院進行低碳校園與低碳教育的時間較晚。2008 年「世界地球日」，教育部宣布成立「綠色大學」計畫，號召更多大學院校將節能減碳觀念融入校務發展、課程規劃等，希望打造永續校園目標（吳展華，2010）。由「綠色大學」計畫的實施，也可看出如要達成「低碳校園」的目標，學校除配合政策推動「四省（省電、省油、省水、省紙）專案」計畫之外，也應實施低碳教育，使學生在認知方面，能認識到氣候暖化與環境問題，了解並關心人類行為與氣候變遷之關係；在情意方面，旨在養成學生具有願意過低碳生活的態度；在技能方面，則希望培養學生具備進行低碳行動的實踐技能（林政逸，2011）。

三、低碳旅遊的意涵

近年來有所謂的「低碳旅遊」，它結合了原本的「綠色旅遊」、「生態旅遊」和「永續旅遊」等概念，希望將環保觀念全面落實於日常生活之中（曾筱嵐，2010）。國內外學者對低碳旅遊提出定義，如低碳旅遊就是希望旅遊過程中降低碳排放，與透過植樹吸收碳來達到碳中和，創造旅遊零碳排放、地球無負擔的新旅遊模式（曾筱嵐，2010）。Simpson、Gössling、Scott、Hall 與 Gladin（2008）認為，低碳旅遊是遊客透過選擇旅遊地、環保的交通運輸、具環保認證的民宿，與吃當地飲食或有機食品等方式，達到較低量的二氧化碳排放行為。劉嘯（2009）認為低碳旅遊是包含飲食節能、建築節能，以及交通節能三大面向之新型旅遊形式。曹會林（2010）則認為低碳旅遊指一種涵蓋三大要點的低碳生活方式：倡導低碳交通工具、扭轉奢侈浪費之風、強化旅遊智慧。

從前述學者的定義可以了解，低碳旅遊是指遊客在旅遊活動過程中，將各種旅遊消費行為，如飲食、交通、住宿等，所產生的碳排放量控制在合理的水平，以達到減少碳排放量的一種新型旅遊消費模式。

四、低碳旅遊教育的實施理念

低碳旅遊教育的實施目標，認知方面，在使學生認識到環境問題，了解並關心旅遊行為與氣候變遷之關係；情意方面；旨在養成學生具有低碳旅遊的態度；技能方面，則希望培養學生具備進行低碳旅遊的行動技能。

以地球公民的角度來思考，為減少旅遊碳排放量及緩解氣候變化，必須改變遊客的旅遊模式，因遊客的低碳行為其操作性較高，須讓遊客理解自身的碳足跡（carbon footprint），了解自身的碳排放量。為達成此項目標，相關做法可從選擇綠色旅館著手，其次如植樹減碳法。

另外，因國內旅遊人口日益增加，遊客在交通運輸及消費等旅遊行為可能造成個人二氧化碳之總排放量升高，因此必須說服遊客改變其旅遊行為，以減少二氧化碳排放。因此，在中小學實施低碳教育，首要任務必須先使學生具備低碳旅遊的相關知識與信念，例如低碳旅遊具有「減少碳排放量」、「使人身心健康」、「為地球盡一份心力」、「減少資源浪費」等正面行為信念；但另一方面，也必須降低學生可能具備的負面行為信念，例如「增加旅遊消費支出」、「使得旅遊時間比較長」、「執行上比較困難」、「比較耗費體力」、「不適合所有的旅遊地」共五項（陳世賢，2009）。

五、低碳旅遊教育的內涵與配套措施

以下說明低碳旅遊教育的內涵與配套措施，供中小學教師進行低碳教育時的參照依據。

(一) 低碳旅遊教育的內涵

在低碳旅遊教育的內涵方面，主要是以有關旅遊的食、衣、住、行為主要範圍。例如在達成低碳旅遊的目標上，旅客可以改變的行為像是把「食物里程」（food miles）的概念融入生活中，在旅遊飲食方面，食材以就地取材為原則，避免取自遠地的食物，減少食物里程的運送距離。

另外，Simpson等人（2008）認為遊客可以考慮以下幾個行為來達到低碳旅遊行為：

1. 少旅遊或停留在旅遊目的地較長久的時間：遊客可考慮低頻率移動的旅遊，停留在目的地較長的時間進行深度旅遊。
2. 盡量減少空中旅行：任何空中旅行是增加個人排放量的主要因素。若航空旅行不可避免，可選擇接近旅遊目的地屬性地區一併旅遊，做更長時間的停留。
3. 支持有健全環境管理的航空公司：遊客應該支持航空公司致力於環境管理，飛機使用新效率燃料的發動機。
4. 若無法避免航空旅行，則實行碳抵銷[1]：航空旅行無法避免的話，應自願碳抵銷。選擇供應商提供的減少排放標準證明，計算自己排放的二氧化碳對氣候暖化的影響。
5. 支持親環境和有利於環境發展的旅遊經營商：遊客應該支持旅遊經營者是從事親環境管理者（例如提供碳認證），以及那些設法在落後國家或農村地區提供社會福利的旅遊經營者。
6. 在具環保認證的旅遊目的地住宿：目前有許多旅遊目的地尋求以減緩旅遊業二氧化碳排放量增加的環保認證標章，遊客也應設法要求自己居住具環保認證的住宿點。

[1] 碳抵銷（carbon offsets）是指個人以一定金錢支付自己的二氧化碳排放量，而這些錢則用來贊助降低排碳量的活動。

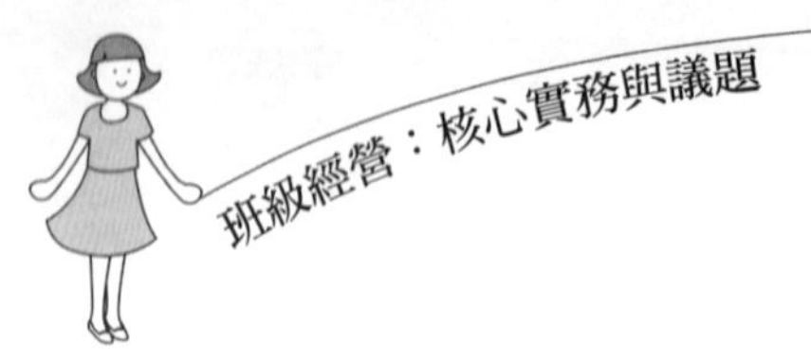

(二) 低碳旅遊教育之配套措施

在低碳旅遊教育的配套措施方面，包含以下幾點：

1. 政策的訂定、鼓勵與宣導

推動低碳社會或低碳旅遊首要工作在於將政策法制化。未來除政策立法之外，尚須輔以鼓勵、獎勵、輔導、宣傳的方式，從教育、社區管理委員會、提升產業效率及低碳觀光等面向推動「節能減碳」的工作，針對中小學進行鼓勵與宣導，以有效推動低碳旅遊教育。

2. 配合相關政策

在推動低碳旅遊教育時，也必須配合相關政策，例如進行餐旅業環保認證。環保署 2010 年推動「綠行動傳唱計畫」，倡導旅館響應不使用一次用盥洗用品，或續住不更換床單和毛巾。中小學在進行戶外教學或畢業旅行時，可選擇通過認證的綠色旅館，響應推動低碳教育。

3. 教育主管機關、觀光主管機關與標的團體的溝通

觀光產業產生全世界約 5%與能源有關的二氧化碳排放量，以比重來看似乎並不高，但若將觀光業比擬為一個國家來看，其排放量排名僅次於美國、中國、俄國以及印度之後，居第五名。在觀光產業所產生的二氧化碳中，75%是交通運輸所產生，其中，空中運輸占 40%、汽車占 32%、住宿占 21%、其他交通方式占 3%、活動占 4%（Strasdas, 2010）。因觀光旅遊活動涉及交通運輸、住宿、餐飲等相關活動，必須統整相關行政機關以及民間業者的力量方能有效達成目標。因此，教育主管機關與觀光主管行政機關，應加強與臺電、航空業者、觀光業者、旅運業者以及民眾的溝通。

六、結語

面對全球節能減碳以及永續發展的趨勢，將低碳概念引入日常生活與觀光旅遊活動的各個環節，將成為未來世界各國低碳社會的發展趨勢與願景。為順利推動低碳政策，未來我國中小學也應進行低碳教育，使學生明瞭日常生活行為、旅遊行為與氣候變遷的關係，培養學生具備節能減碳的知識、技能與情意，順利達成低碳教育的目標。

問題思考

指導學生進行低碳旅遊可能面臨「增加旅遊消費支出」、「使得旅遊時間比較長」、「執行上比較困難」、「比較耗費體力」、「不適合所有的旅遊地」等問題，應該如何加以克服？

參考文獻

王如哲、黃月純（主編）（2011）。**節能減碳教育：國際觀點與案例**。臺北：高等教育。

行政院（2008）。**政府機關及學校全面節能減碳措施**。臺北：作者。

吳展華（2010）。**校園碳足跡調查與節能減碳策略分析——以大葉大學校園為例**。大葉大學環境工程學系碩士論文，未出版，彰化。

李岱衛（2010）。**國中校園節能減碳教育之研究**。國立高雄應用科技大學電機工程系碩士論文，未出版，高雄。

林政逸（2011）。我國中小學推動低碳旅遊教育的理念、實施內涵與相關配套措施。**師友月刊**，**534**，73-77。

國立臺灣師範大學機電科技學系能源教育推廣小組（無日期）。**歷屆推動能源教育優良學校介紹**。2011 年 11 月 20 日，取自能源教育資訊網 http://energy.ie.ntnu.edu.tw/welcome/main

許欣榮（2009）。**臺北縣推動低碳社會之研究**。國立臺北大學公共行政暨政策學系碩士在職專班論文，未出版，臺北。

陳世賢（2009）。**遊客個人碳足跡與低碳旅遊行為意向之研究——以坪林鄉為例**。逢甲大學景觀與遊憩研究所碩士論文，未出版，臺中。

曹會林（2010）。**淺議低碳旅遊與旅遊企業的低碳舉措**。2011 年 7 月 27 日，取自 http://c.wanfangdata.com.cn/periodical/jzgc/2010-4.aspx

曾筱嵐（2010）。**團體旅遊之環島行程交通溫室氣體排放量推估**。國立高雄師範大學環境教育研究所碩士論文，未出版，高雄。

經濟部（2011）。**政府機關及學校四省專案計畫**。臺北：作者。

劉嘯（2009）。論低碳經濟與低碳旅遊。**集體經濟**，**13**，13-15。

蕭登元（2011）。**低碳旅遊發展策略之研究——指標建立、評量與實證**。行政院國家科學委員會專題研究計畫成果報告（NSC 99-2410-H-328-008-）。高雄：國立高雄餐旅大學休閒系。

Simpson, M. C., Gössling, S., Scott, D., Hall, C. M, & Gladin, E. (2008). *Climate change adaptation and mitigation in the tourism sector: Frameworks, tools and practices*. UNEP, University of Oxford, UNWTO, WMO: Paris, France.

Strasdas W. (2010). Carbon management in tourism-A smart strategy in response to climate change. *Trends and Issues in Global Tourism, Part 2*, 57-69.

附錄

附錄一 班級自治幹部與工作內容

幹部	工作內容	姓名
班長	星期一升旗帶隊，協調幹部責任，維持班上行進間秩序。	
副班長	協調幹部責任，管理班上小朋友。	
午餐長	提醒抬餐小組，並維護午餐秩序。	
總務股長	收取班級繳交費用。	
學藝股長	協助教室布置。 管理收作業的秩序，負責點收作業並向老師回報缺交名單。	
保健股長	更換值日生，提醒值日生工作，維護教室整潔。 每星期二中午負責漱口水工作，並登記紀錄表。	
風紀股長	管理維持班級秩序。	
體育股長	協助體育老師搬運器材。	
電器長	負責開關電視、拉單槍投影屏幕、開關單槍。	
教室圖書長	整理班級圖書櫃並清點班級圖書。	
圖書室圖書長	整理、檢查圖書室故事書並提醒同學「進、出圖書室」禮貌。	
內掃負責人	管理班級整潔清掃工作，並登記 3 位表現優良的同學。	
外掃負責人	管理外掃區整潔清掃工作，並登記 3 位表現優良的同學。	

（續下表）

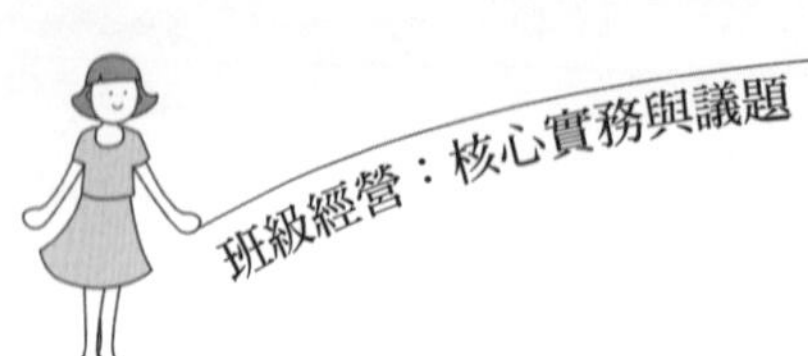

幹部	工作內容	姓名
環保隊長(一)	協助資源回收，並隨時注意垃圾資源分類是否正確。	
環保隊長(二)	協助資源回收，並隨時注意垃圾資源分類是否正確。	
路隊長(一)	負責管理前門放學路隊。	
路隊長(二)	負責管理後門放學路隊。	
路隊長(三)	負責管理側門放學路隊。	
健康小老師	帶隊前往科任教室、維持上課秩序、提醒同學須攜帶用品。	
音樂小老師	帶隊前往科任教室、維持上課秩序、提醒同學須攜帶用品。	
鄉土小老師	帶隊前往科任教室、維持上課秩序、提醒同學須攜帶用品。	
自然小老師	帶隊前往科任教室、維持上課秩序、提醒同學須攜帶用品。	
英文小老師	帶隊前往科任教室、維持上課秩序、提醒同學須攜帶用品。	
電腦小老師	帶隊前往科任教室、維持上課秩序、提醒同學須攜帶用品。 班級網頁的設計與維護。	
美勞小老師	帶隊前往科任教室、維持上課秩序、提醒同學須攜帶用品。	

附錄二 班級經營計畫示例

新北市板橋區○○國小 101 學年度第一學期學校日班級經營計畫

親愛的家長，您好：

新學期，期許孩子們能自動自發學習、互相尊重、友愛相處。

新學期，伴隨著一連串的新課程和新挑戰，然而，只要有心，全力以赴，相信將會是豐盈的收穫。

希望寶貝們個個充滿朝氣、認真求知、發揮創意，更希望親、師、生能溝通良好。因為有您的關心與付出，讓我們的孩子日漸成長與茁壯，期待您的參與和協助，願我們攜手合作與努力，讓孩子們都能快樂學習與健康成長。

年　班　導師：

教學理念	1. 啟迪孩子自主學習，提升孩子自我規劃、培養勇於負責、解決問題的能力。 2. 在和諧群己關係中，發展個人潛能，鼓勵互助合作，團體也會更美好。 3. 重視品德與生活教育，加強生活教育，培養孩子自我反省的能力，並養成尊重他人和惜福感恩的情操。 4. 開拓孩子學習視野，以適應多元多變的時代。 5. 注重知識的活用性，引領學生從不同的角度看問題，思考問題，進而解決問題。 6. 希望孩子們能在活潑、快樂、主動的氣氛中學習。
班級經營	1. 鼓勵閱讀，推介優良讀物，多讀好書，培養分析判斷及鑑賞的閱讀能力。 2. 注重品德教育，引導學生明辨是非、為自己的行為負責。 3. 學習感受關懷與愛，教孩子樂於付出、懂得感恩。

（續下表）

學期重要行事	1. 班級校外交通崗導護輪值：感謝愛心爸媽熱誠奉獻，共同守護我們的寶貝。 2. 101 年 9 月 8 日(六)學校日，歡迎家長參加親師座談 ◎101 年 11 月 1 日(四)～11 月 2 日(五)期中評量 ◎102 年 1 月 10 日(四)～1 月 11 日(五)期中評量 ◎102 年 1 月 18 日(五)休業式 ◎102 年 1 月 21 日(一)寒假開始
教學計畫與評量方式	**@教學計畫** 一、國語： 1. 每課要習寫生字、造詞、造句、熟悉句型、修辭。 2. 鼓勵閱讀，於晨光時間閱讀。 3. 每週固定一節課到圖書館閱讀並借書。 4. 加強口語發表、練習修辭方法、寫作能力，充實語文基礎。 5. 運用佳句、日記、成語、詩文欣賞等練習，累積語文實力，奠定語文基礎。 二、數學： 1. 每一單元要完成習作、上課操作、練習列式演算、寫練習本。 2. 將數學應用在生活中。 3. 強化練習計算和應用理解能力。 4. 加強語文能力，以增加對應用問題的理解能力。 **@評量方式** 1. 形成性評量：課堂表現、資料蒐集、學習單、簿本習作、隨堂測驗等。 2. 總結性評量：配合學年定期考查。 3. 期末總成績：依形成性評量與總結性評量結果綜合計算。

附錄三 國民教育階段家長參與學校教育事務辦法

2006 年 07 月 06 日發布
2012 年 04 月 24 日修正

第 1 條

本辦法依國民教育法第二十條之二第一項規定訂定之。

第 2 條

本辦法所稱家長，指國民教育階段學生之父母、養父母或監護人。

第 3 條

家長、家長會及家長團體，得依法參與教育事務，並與主管教育行政機關、學校及教師共同合作，促進學生適性發展。

家長、家長會及家長團體參與教育事務，應以學生之最佳利益為目的，並應促進教育發展及專業成長。

第 4 條

家長為維護子女之學習權益及協助其正常成長，負有下列責任：

一、注重並維護子女之身心及人格發展。

二、輔導及管教子女，發揮親職教育功能。

三、配合學校教學活動，督導並協助子女學習。

四、與教師及學校保持良好互動，增進親師合作。

五、積極參與教育講習及活動。

六、積極參與學校所設家長會。

七、其他有關維護子女學習權益及親職教育之事項。

第 5 條

學校應依法設家長會，每位家長應依相關法令參與家長會。

前項學生家長會得分為班級家長會、家長代表大會及家長委員會，其相關規定，由直轄市、縣（市）主管教育行政機關定之。

家長得依人民團體法組成不同層級之家長團體。

直轄市、縣（市）主管教育行政機關、相關主管機關、學校及教師應協助家長成立及參與學校家長會。

第 6 條

學校應主動公開下列資訊：

一、學校校務經營計畫。

二、班級或學校年度課程規劃、教學計畫與教學評量方式及標準。

三、學校年度行事曆。

四、學校輔導與管教方式、重要章則及其相關事項。

五、有關學生權益之法令規定、權利救濟途徑等相關資訊。

六、其他有助學生學習之資訊。

家長得請求前項以外與其子女教育有關之資訊，除法令另有規定外，教師或學校不得拒絕。

每學年開學後二週內，班級教師應協助成立班級家長會，並提供其相關資訊。每學年開學一個月內，學校應協助成立全校家長代表大會，並提供相關資訊，以協助成立家長委員會。

前項學生家長資訊之提供，其涉及家長個人資料者，除依相關法令規定辦理外，並應徵得該家長書面同意。

第 7 條

家長或學校家長會對學校所提供之課程規劃、教學計畫、教學內容、教學方法、教學評量、輔導與管教學生方式、學校教育事務及其他相關事項有不同意見時，得向教師或學校提出意見。

教師或學校於接獲意見時，應主動溝通協調，認為家長意見有理由時，應主動修正或調整；認為無理由時，應提出說明。

第 8 條

學校應於每學期開學前一週至開學後三週內，舉辦家長日，介紹任課教師及學校相關行政人員，並說明有關班級經營計畫、教學計畫、學生學習計畫或其他相關事項。

學校得舉辦學習成果檢討會或發表會，邀請家長參加。

第 9 條

家長得參與班級或學校教育事務；其參與方式、程序及相關事項，由直轄市、縣（市）主管教育行政機關定之。

第 10 條

家長考量其子女學習之最佳福祉，得依法為其子女選擇受教育方式及受教育內容。

第 11 條

本辦法自發布日施行。

附錄四 家長參與教育行動指南

釐清定位
積極宣導
研究與論述
各級學校
教師
家長
教育部
教育局
立法院
縣市議會

清楚定位
親權延伸
感情基礎
教學回饋

建立法制
落實執行
現行法規檢討
家長參與教育法
縣市相關法規
校內相關章則

完備法制
規範義務
確定權利
參與有序
各司其職

家長
參與教育
願景

發展實務
健全組織
現行實務調查
建立家長會經營
實務行動指南
班級家長會
家長會
建立團體經營
實務行動指南
縣市家長團體
全國家長團體

力行任務
監督參與、協助教育
教育推廣、資訊傳播
申訴服務、組織發展

有效對話
平台機制
雙向對等

全面學習
課 程
家庭支持、教育通識
班級支持、學校支持
縣市支持、全國支持

社區訪才模式
班級推手模式
動力家長會模式
系統學習
共同成長
課程研發
家長學苑
種子家長研習

教育部
家長日
教育局
家長日
學校
家長日
班級
家長日
促進對話
建立機制

家長運動「行動地圖」
・全國家長團體聯盟・2008・

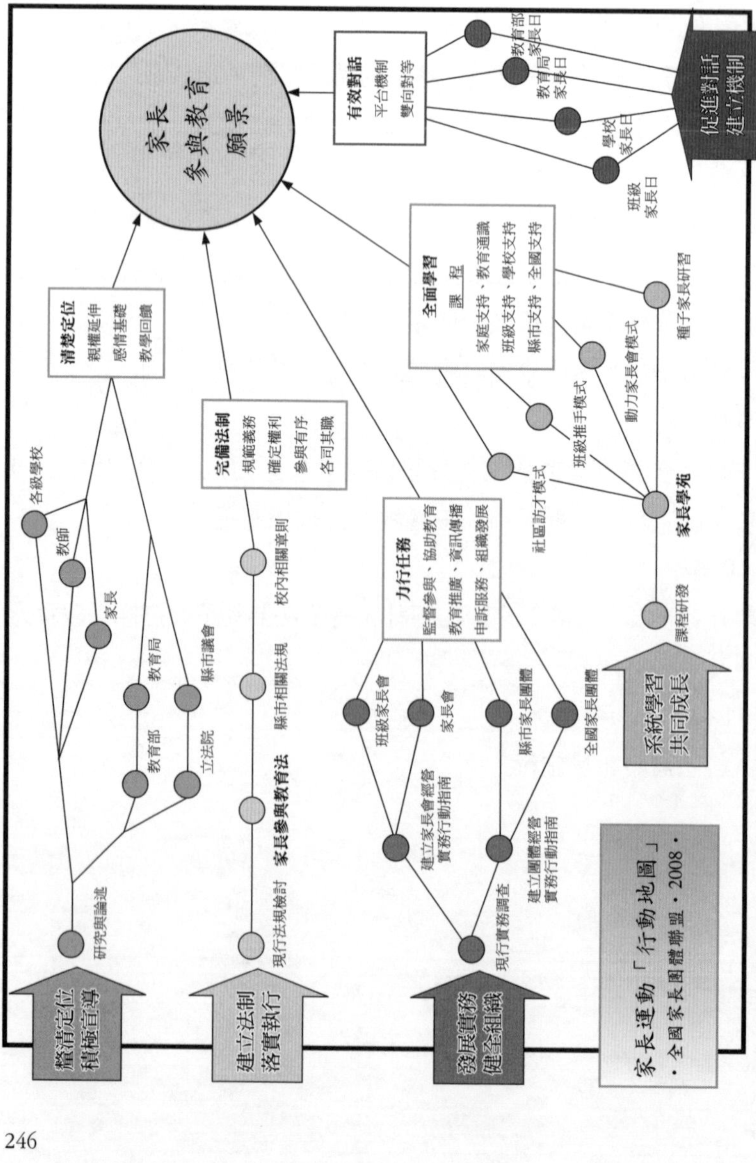

資料來源：張淑純（主編）（2009）。**家長參與教育行動指南**。臺北：教育部。

學校訂定教師輔導與管教學生辦法注意事項

一、教師違法處罰措施參考表

違法處罰之類型	違法處罰之行為態樣例示
教師親自對學生身體施加強制力之體罰	例如毆打、鞭打、打耳光、打手心、打臀部或責打身體其他部位等
教師責令學生自己或第三者對學生身體施加強制力之體罰	例如命學生自打耳光或互打耳光等
責令學生採取特定身體動作之體罰	例如交互蹲跳、半蹲、罰跪、蛙跳、兔跳、學鴨子走路、提水桶過肩、單腳支撐地面或其他類似之身體動作等
體罰以外之違法處罰	例如誹謗、公然侮辱、恐嚇、身心虐待、罰款、非暫時保管之沒收或沒入學生物品等

本表僅屬舉例說明之性質，其未列入之情形，符合法定要件（基於處罰之目的、使學生身體客觀上受到痛苦或身心受到侵害等要件）者，仍為違法處罰。

二、適當之正向管教措施

正向管教措施	例示
與學生溝通時，先以「同理心」技巧了解學生，也讓學生覺得被了解後，再給予指正、建議。	一、「你的好朋友找你打電玩，你似乎很難拒絕；但是，如果繼續用太多時間玩電玩，你也知道會有很多問題發生。怎麼辦？讓老師和同學一起來幫助你。」

（續下表）

正向管教措施	例示
	二、「老師了解你受委屈、很生氣，所以你忍不住罵出三字經；但是，罵完三字經，對你自己、對別人有沒有好處？還是帶來更多麻煩？」
告訴學生不能做出某種行為，清楚說明或引導討論不能做的原因。而當他沒有或不再做出該行為時，要儘速且明確地對他沒有或不再做該行為加以稱讚。	一、「上課時，在沒有舉手並被邀請發言時，請你不要講話。」 「因為如果你講話，老師講課的時間就不夠，老師也會分心，課就講不完或講不清楚，同學可能聽不懂。」 「想想看，如果你很想聽課，有同學不斷講話，你會受到什麼影響？」 「以前你上課常隨便講話，但今天你沒有隨便講話，你很有禮貌（或很會替別人著想）。」 二、「學校不再規定你的髮型，但請同學不要只注重做髮型、跟流行，而沒有考慮到花錢、功課、健康、團體形象，要考慮不要給自己或別人添加麻煩。」 「想想看，你要如何安排時間與金錢？要花多少金錢、多少時間在髮型上？」 「我們來討論金錢的價值、生命的價值，要把金錢、時間用在什麼事情上比較有意義呢？」 「你以前的頭髮很亂，看起來沒有精神，今天的髮型很清爽，看起來很有活力。」
除具體協助學生了解不能做某種不好行為及其原因外，也要具體引導學生去做出某	一、「當你要講話時，請你注意場合與發言程序。」 「如果在老師講課時，每個同學都可以任意講話，你認為這樣好嗎？有什麼

（續下表）

正向管教措施	例示
種良好行為，並且具體說明原因或引導孩子去討論要做這種好行為的原因，並且，當他表現該行為時，明確地對他表現這種行為加以稱讚。	壞處？相反地，如果大家都能不隨便講話，則有什麼好處、壞處呢？」 「○○同學要講話時，會先舉手問老師，很有禮貌；○○同學，在老師一開始上課，就不再講話，會很認真地看著老師，讓老師很高興，很想好好教給你們最好的！」 二、「我們要出國交流，對方國家很重視禮節與服裝儀容，並且要求整齊，請同學剪好頭髮。」 「我們要出國交流，對方要求短髮、整齊，如果我們不按照對方的要求，後果是什麼，我們要怎麼做比較好？是入境隨俗？或不再去交流？各有何優缺點？什麼樣的決定比較好？」
利用討論、影片故事或案例討論、角色演練及經驗分享，協助學生去了解不同行為的後果（對自己或他人的正負向影響），因而認同行為能做或不能做及其理由，以協助孩子學會自我管理。	請同學在生活中觀察記錄打人的事件與被打的人的反應及感受，老師帶著學生一起討論；也請同學分享被打的經驗，並討論打人的短期及長期的好處和壞處；師生一起看控制生氣的示範影片，學習如何控制生氣的步驟。
用詢問句啟發學生去思考行為的後果（對自己或對他人的短期與長期好處與壞	「你可以繼續每天打電玩打到半夜；但對你的身體、功課以及你和爸媽的關係有什麼壞處？如果你能節制與安排玩電玩的時間，對你有什麼好處？」

（續下表）

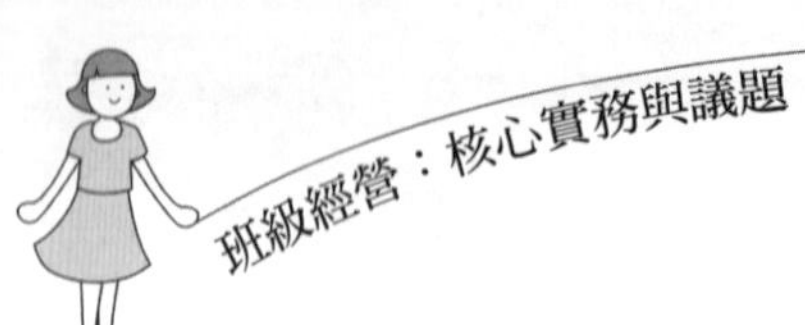

正向管教措施	例示
處），以增加學生對行為的自我控制能力；並給予學生抉擇權，用詢問句與稱讚來鼓勵學生做出理性的抉擇，以鼓勵學生的自主管理。	「玩電玩有什麼好處？這些好處是不是用其他的活動或做其他事情可以取代？」 「想想看，玩電玩一時的好處、壞處；更長遠的好處、壞處，你如何決定？老師可以協助你一起思考與規劃，作出對自己、對別人都較好的決定。但最重要的，你自己要想清楚，作好決定，並負責任；老師相信你，也期待你作出最有智慧的決定。」
注意孩子所做事情的多元面向，在對負向行為給予指正前，可先對正向行為給予稱讚，以促進師生正向關係，可增加學生對負向行為的改變動機。	一、「關於你大聲叫罵同學、罵學校這件事，老師可以了解到你對同學、學校很關心，這是很好的，以後你還要繼續關心同學！但是，你的方法是不當的，可能會傷害別人，可能會使別人討厭你，也會違反校規，是不是可以改換別的方法來表達你的關心或你的生氣？」 二、「關於你亂貼海報這件事，老師了解你想表達你的意見，這是很好的，你也很有創意；但是，你不依規定貼海報，可能會使校園凌亂，而且也違規了；是否可用別的方法來表達意見與創意而不違規？」
針對不對的行為或不好的行為加以糾正；但也要具體告訴學生是「某行為不好或不對」，不是「孩子整個人不好」。	「你生氣時容易出手打同學，對自己、對同學都不好；但老師並不認為你整個人都不好，老師了解你有時也會幫一些人的忙；希望你發揮會替別人著想、幫忙別人的優點，以後不再打人。」

資料來源：學校訂定教師輔導與管教學生辦法注意事項，取自 http://osa.shu.edu.tw/new/097.htm

附錄六 考題觀摩

(A) 1. 導師之「班級經營」宛若國君之「治國」，古謂：「治大國，若烹小鮮」深具啟發意涵，其出自：

(A)老子　(B)莊子　(C)孔子　(D)韓非子　之思想。

【100.中區國小教甄】

(D) 2. 當班上學生透露家長有攜子自殺的意圖時，級任老師的處置何者較為不當？

(A)與孩子個別談話　(B)尋求專業協助

(C)即時通報輔導室　(D)立即報警

【100.臺中市代理教甄】

(A) 3. 在班級常規的維持中，Curwin 和 Mendler 曾提及「80－15－5」規則，以此表示班級中的各種狀況，在上述「80－15－5」規則中的 5 是指：

(A)時常破壞班級規範的人數比率

(B)偶爾會犯規的人數比率

(C)不太會犯規的學生人數比率

(D)可能的誤差比率

【100.臺中市建國國小代理教甄】

(D) 4. 班級經營的好壞，老師個人的影響性甚大。在老師的各項職權中，一般說來下列何種社會權力最受到學生的認同：

(A)強制權　(B)酬賞權　(C)法制權　(D)參照權

【100.臺中市建國國小代理教甄】

(D) 5. 對學生懲罰是老師常使用的班級常規維持方法之一，學者多柏森（Dobson）曾表示懲罰也有其優點，試問下列何者是多柏森所稱懲罰的優點？
(A)可建立師長的權威 (B)上帝有關愛的表現方式
(C)使父母成為主控者 (D)減低老師的情緒負荷
【100.臺中市建國國小代理教甄】

(A) 6. 稱讚學生好的表現，是國小老師常用的班級經營與教學策略之一，請問讚美是下列何種理論機制的應用？
(A)正增強 (B)負增強 (C)懲罰 (D)暫停
【100.臺中市建國國小代理教甄】

(B) 7. Herzberg的二因素動機理論（激勵保健理論）中，下列何者屬激勵因素？
(A)薪資津貼 (B)工作挑戰 (C)工作環境 (D)工作保障
【100.臺中市神岡國小代理教甄】

(B) 8. 依近期教育部於「中小學國際教育白皮書發表會」中表示，國小英語教學未來 10 年的努力方向，是由三年級向下延伸至幾年級開始上課？
(A)二年級 (B)一年級 (C)幼稚園大班 (D)幼稚園中班
【100.臺中市神岡國小代理教甄】

(B) 9. 2010 年教育部為保障兒童人權，持續要求學校落實執行「三零政策」。下列何者不是「三零政策」的重點：
(A)零拒絕 (B)零中輟 (C)零體罰 (D)零霸凌
【100.臺中市神岡國小代理教甄】

(A) 10. 對學生學習成果給予讚美時，若要此讚美能成為有效作用，強調必須當學生表現了事先明確界定的行為才給予讚美，這是一種什麼樣的讚美策略？

(A)依存的（contingent） (B)具體的（specific）

(C)可信的（credible） (D)外在的（extrinsic）

【100.臺中市神岡國小代理教甄】

(B) 11. 在學校生活中，教師運用獎勵卡、積點來獎勵學生，這屬於何種獎勵方式？

(A)社會性的獎賞 (B)代幣式的獎賞

(C)活動性的獎賞 (D)物質性的獎賞

【100.臺中市代理教甄】

(B) 12. 老師在處理學生違規行為時，下列哪一項原則不適當？

(A)保留孩子的自尊和顏面

(B)一人犯錯懲罰全班

(C)對每一個孩子都應平等相待

(D)不因處理孩子行為而影響教學

【100.臺中市代理教甄】

(B) 13. 行為主義是班級經營中經常應用的原理，在學生的學習行為中，如因增強物消失反而強化某種行為，可稱為何種現象？

(A)正增強 (B)負增強 (C)消弱 (D)懲罰

【100.臺中市代理教甄】

(C) 14. 教師進行班級教學經營時常涉及教學評量的問題，而「雙向細目表」常常是編製測驗的參考架構。雙向細目表除「教學目標」此一向度之外，另一向度為何？

(A)教學進度 (B)課程綱要 (C)教材內容 (D)評量方式

【100.臺中市代理教甄】

(A) 15. 學校或教師處罰學生，其處罰之正當法律程序，下列敘述何者為錯誤？

(A)學生對於教師之處罰措施不得提出異議。

(B)適當說明處罰所針對之違規行為，實施處罰之理由及處罰之手段。

(C)適度給予學生陳述意見之機會，以了解其行為動機與目的。

(D)教師應依學生或其監護權人之請求，說明處罰過程及理由。

【100.臺中市代理教甄】

(B) 16. 為了協助新入學或轉學的學生認識新環境、新課程和人際關係，以便能盡快適應學校的環境，學校應提供其何種服務？

(A)資訊服務　(B)定向服務　(C)諮詢服務　(D)延續服務

【100.臺中市代理教甄】

(B) 17. 吳老師在學生表現其期望的行為時，常給予小貼紙做為代幣酬賞學生，並告訴小朋友「五張貼紙可向老師換一枝鉛筆」以鼓勵學生繼續表現出其期望的學習，吳老師所為是何種學習理論的應用？

(A)古典制約理論　(B)工具制約理論

(C)社會學習理論　(D)認知學習理論

【100.國北教大實小教甄】

(C) 18. 庫寧（Jacob Kounin）認為班級經營時教師獎勵學生良好行為或處罰學生不良行為的方式，都會對於班上其他學生產生影響，請問這是何種效應？

(A)破窗效應　(B)蝴蝶效應　(C)漣漪效應　(D)骨牌效應

【100.國北教大實小教甄】

(D) 19. 下列何者比較符合教學情境布置的原則？

(A)根據導師的構想，指導學生完成。

(B)以增進認知領域的學習成效為考量重點。

(C)每學期更換一次，重視美觀及視覺效果。

(D)根據教學的內涵適時布置及更換，提供空間供學生展示學習作品。

【100.國北教大實小教甄】

(C) 20. 教學觀摩時，張老師整節課都坐在教室的電腦前面，播放出版商所提供的電子教科書，他的教學行為在課後的檢討會中引發熱烈的討論。下列哪一種觀點最可能成為討論的焦點？

(A)是資訊融入的最佳示範，值得鼓勵。

(B)可以引起學生學習興趣，應多加應用。

(C)教師專業角色的定位，值得思考。

(D)充分應用學習資源，值得嘉許。

【100.臺北市教甄】

(A) 21. 就懲罰哲學而言，懲罰是為了維護或強化紀律，以便加強合理的社會控制。下列哪一種懲罰方式最符合德育原理，有最佳的懲罰效果？

(A)「恩威並濟」的感化恕道

(B)「刻意忽略」的自然懲罰

(C)「殺雞儆猴」的漣漪效應

(D)「以牙還牙」的報復方式　【100.臺東縣國小代理教甄】

(B) 22. 有關班級經營的敘述，以下何者最為正確？

(A)教師在班級經營時，為遵循法則，對待學生應一視同仁。

(B)班級經營的決定應交由教師與學生共同作決定。

(C)班級秩序比賽得到冠軍是班級經營最應強調的事項。

(D)教師只要有耐心與愛心，班級經營即可順利進行。

【100.臺東大學實小教甄】

(C) 23. 蔣老師一到學校擔任導師，在班級經營方面，明確訂定學生應該要遵守的規範和違規的後果，並在爭取學校和學生家長的支持後就貫徹執行，蔣老師應採用下列哪一項班級經營模式？

(A)教師效能訓練模式 (B)有效動力經營模式

(C)果斷訓練模式 (D)現實治療模式

【100.臺南大學實小教甄】

(B) 24. 國小每節課有 40 分鐘，但學生未必真的學習 40 分鐘，若以四種影響學生學習的時間概念間之差距進行分析，下列何者最適合用來檢視教師的班級經營能力？

(A)分配時間與學科習得時間之差距

(B)分配時間與教學時間之差距

(C)教學時間與學習專注時間之差距

(D)學習專注時間與學科習得時間之差距

【100.高雄市國小教甄】

(C) 25. 並非所有的讚美都有效果，以下何者是較適切的口頭讚美？

(A)你真是超級好學生

(B)你是我教過的學生中最棒的

(C)你的作業做得又整齊又正確

(D)你是天生的好孩子

【100.新竹市民富國小教甄】

(C) 26. 下列哪一位班級經營學者，提出以「肢體語言」、「獎勵制度」、「有效幫助」的原則和程序為焦點，幫助教師進行良好的班級經營？

(A)庫寧（J. Kounin）　(B)肯特（L. Canter）

(C)瓊斯（F. H. Jones）　(D)基諾（H. Ginott）

【100.新竹市建功、科園暨南隘國小教甄】

(C) 27. 教師在導正學生的目標，進行良好的班級管理時，使用以下哪一種班級經營策略比較適合其班級經營活動？

(A)安排教室環境的策略　(B)建立和諧溝通的策略

(C)建立教室規則的策略　(D)善用獎懲增強的策略

【100.新竹市建功、科園暨南隘國小教甄】

(C) 28. 關於「班級常規」，下列敘述何者錯誤？

(A)班級常規的制定，須取得師生的共識。

(B)班級常規的執行，不完全局限在教室內。

(C)班級常規旨在處理偏差或違規行為。

(D)班級常規是一種典型的潛在課程。

【100.桃園縣教甄】

(D) 29. 王老師想要在班級經營中，透過維持班級秩序的技巧，以達到「支持自我控制」性質，則應該要考慮運用下列哪一項策略？

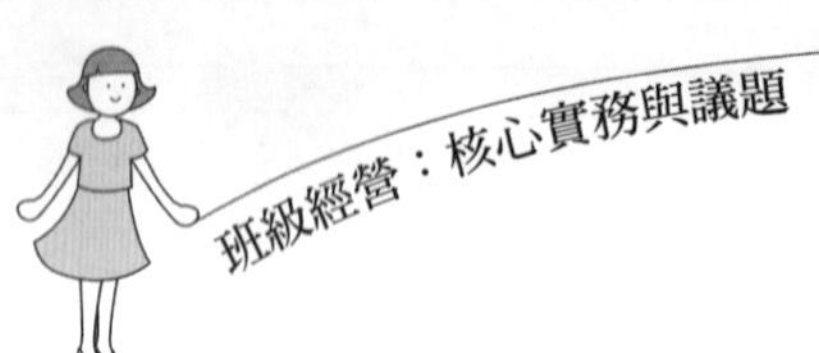

(A)讓學生遠離違紀行為的情境

(B)和違紀學生建立師生行為公約

(C)輕聲和學生對談

(D)增強良好的行為

【100.南大附小教甄】

(A) 30. 下列何者是教師在建立班級常規時應遵循的原則？

(A)師生共同制定 (B)強調負面禁止

(C)口頭約定即可 (D)項目鉅細靡遺

【96.臺北縣教甄】

(B) 31. 下列何者是教師在「建立教室規則」的班級經營策略之中，比較不常使用的策略？

(A)訂定明確教室規則 (B)使用祕密監督管控機制

(C)指導學生共同遵守 (D)引導學生重視紀律

【95.臺北市教甄】

(D) 32. 主張果斷紀律（assertive discipline）班級經營策略的學者為？

(A)葛拉瑟（Glasser） (B)高登（Gordon）

(C)瓊斯（Jones） (D)肯特（Canter）

【98.國北教大實小教甄】

(D) 33. 教師在教室中重視管理標準的建立，是哪一種取向的班級經營？

(A)認知研究取向 (B)行為改變研究取向

(C)人際互動研究取向 (D)功能研究取向

【99.新竹市新科國中教甄】

(B) 34. 教師在班級經營上，面對學生時所採取的反應方式，以何者為佳？

(A)無為而治　(B)積極合理　(C)消極退讓　(D)敵視攻擊

【99.臺北市教甄】

(D) 35. 維持教室秩序是教學成功的先決條件之一，下列維持教室秩序的方法何者有誤？

(A)熟記每位學生的姓名是建立師生關係的第一步。

(B)上課時間教師適時在學生座位間的走道走動，可以提醒學生注意。

(C)針對問題處理，不作人身攻擊。

(D)一名學生犯錯，連帶指責全班同學。

【96.中區五縣市教甄】

(B) 36. 最有利於全班同學進行討論的座位排列方式為何？

(A)行列式　(B)圓圈式　(C)叢集式　(D)T 字型

【99.金門縣教甄】

(C) 37. 國民小學教室座位的安排，下列何者比較適當？

(A)採男女分排座法　(B)依照能力的高低

(C)異質分組式排列　(D)按固定身高體重排列

【97.澎湖縣代理教甄】

國家圖書館出版品預行編目（CIP）資料

班級經營：核心實務與議題／林政逸著.　--初版.--
臺北市：心理, 2013.08
面；　公分.--（教育現場系列；41148）

ISBN 978-986-191-556-2（平裝）

1. 班級經營

523.7　　102014936

教育現場系列 41148

班級經營：核心實務與議題

作　　者：林政逸
執行編輯：林汝穎
總 編 輯：林敬堯
發 行 人：洪有義
出 版 者：心理出版社股份有限公司
地　　址：231026 新北市新店區光明街 288 號 7 樓
電　　話：(02) 29150566
傳　　真：(02) 29152928
郵撥帳號：19293172 心理出版社股份有限公司
網　　址：https://www.psy.com.tw
電子信箱：psychoco@ms15.hinet.net
排 版 者：龍虎電腦排版股份有限公司
印 刷 者：龍虎電腦排版股份有限公司
初版一刷：2013 年 8 月
初版三刷：2021 年 3 月
I S B N：978-986-191-556-2
定　　價：新台幣 300 元